COORDENAÇÃO DE HELOÍSA CESTARI

Naturopatia

O TRATAMENTO HOLÍSTICO PARA O DETOX DO CORPO

1ª EDIÇÃO • BRASIL • 2018

Editora escala

Editora Escala

Naturopatia — O tratamento holístico para o detox do corpo
Copyright Editora Escala Ltda. 2018

ISBN 978-85-389-0261-4

Direção Editorial	Ethel Santaella
Supervisão Editorial	Renata Armas
Textos	Cristina Almeida, Daniel Consani, Louise Vernier, Mônica Miliatti, Rita Santander, Sílvia Dalpicolo, Tabata Pitol

livrosescala@escala.com.br

REALIZAÇÃO

Agência Entre Aspas

AGÊNCIA ENTRE ASPAS
www.agenciaentreaspas.com.br

Coordenação editorial	Heloísa Cestari
Textos	Beatriz Vaccari, Bianca Bellucci, Heloísa Cestari e Marcella Blass
Projeto gráfico e edição de arte	Alexandre Nani
Imagens	Escala Imagens e Shutterstock

Todos os direitos reservados. Nenhuma parte deste livro pode ser reproduzida por quaisquer meios existentes sem autorização por escrito dos editores e detentores dos direitos.

Av. Profª. Ida Kolb, 551, Jardim das Laranjeiras, São Paulo, CEP 02518-000
Tel.: +55 11 3855-2100 / Fax: +55 11 3857-9643
Venda de livros no atacado: tel.: +55 11 4446-7000 / +55 11 4446-7132
vendas@escala.com.br * www.escala.com.br
Impressão e acabamento: Gráfica Oceano

Com a palavra, a natureza

O escritor, cientista e filósofo alemão Johann Wolfgang von Goethe (1749-1832) afirmou certa vez que "a natureza é o único livro que oferece um conteúdo valioso em todas as suas folhas". De fato, "a natureza não faz nada em vão", já dizia outro grande sábio, o grego Aristóteles, há mais de três séculos antes de Cristo. Mas só nas últimas décadas alguns estudos científicos passaram a comprovar o que estas mentes brilhantes e as nossas avós já professavam há tempos: coisas simples, como andar descalço na terra, respirar ar puro, tomar sol de manhã cedinho, banhar-se em águas minerais e ter uma alimentação rica em ingredientes frescos — livres de agrotóxicos, antibióticos, conservantes e afins —, podem, sim, prevenir doenças, evitar transtornos psíquicos e ajudar o paciente a restabelecer a saúde caso esses problemas já tenham se instalado.

O segredo está em uma palavra que os seguidores deste movimento de retorno à natureza conhecem bem: "desintoxicação". E acredite: isso vai muito além dos sucos *detox*. Para tanto, naturólogos e naturopatas defendem a adoção de um novo estilo de vida e propõem uma abordagem holística, que foca muito mais o indivíduo do que os seus sintomas.

Igualmente multifacetado é o leque de conhecimentos e terapias dos quais esses profissionais lançam mão para diagnosticar, prevenir e tratar qualquer tipo de desequilíbrio. Valem desde práticas integrativas já disponíveis no SUS, como acupuntura, arteterapia, ayurveda e meditação, até técnicas vistas com certa cautela pelo meio médico, a exemplo da terapia com cristais e do prognóstico por meio da análise da íris.

Com tantas modalidades, fica até difícil entender o que, afinal, é a naturopatia. Para esclarecer a essas e outras dúvidas, dividimos esta publicação em seis capítulos que abordam desde a história e os fundamentos da naturologia até as formas de praticar esse conhecimento no dia a dia, seja por meio de massagens, plantas medicinais e exercícios respiratórios, seja preparando receitas caseiras de alimentos industrializados, chás, cataplasmas e produtos de beleza. Você vai ver que, assim como a definição de natureza de Goethe, esta obra também pode oferecer um valioso conteúdo em cada uma de suas folhas.

Boa leitura!

Heloísa Cestari
Editora

ÍNDICE

08
INTRODUÇÃO
4 passos para uma vida melhor

14
CAPÍTULO 1
Afinal, o que é naturopatia?

História 16
Fundamentos 18
ALGUNS MÉTODOS:
Hidroterapia 24
Medicina Tradicional Chinesa 25
Meditação 26
Ioga 27
Geoterapia 28
Massoterapia + cristaloterapia 29
Aromaterapia 30
Recursos Expressivos 31
Iridologia 32
Ayurveda 33

34
CAPÍTULO 2
Tratamento natural contra doenças

Envelhecimento + câncer 36
Dores crônicas 37
Deficit de Atenção com Hiperatividade ... 38
Imunidade + obesidade 39
Tireoidite autoimune 40
Transtornos psíquicos 40
Alterações no DNA 41
Problemas crônicos 41
Hipertensão 42
Doenças cardiovasculares 43

44
CAPÍTULO 3
Cuidados em casa para cada sintoma

Dor de garganta 46
Alergias e rinite 47
Dor de estômago 48
Problemas geriátricos + ansiedade 49
Enxaqueca + insônia + tensões 50
Receitas de cataplasmas 51
Plantas medicinais 52
Azia, gastrite e refluxo 54
Diabetes, colesterol, hipertensão e febre ... 55
Gripe, tosse, prisão de ventre e diarreia ... 56
Gases, dermatite, asma e rinite 57

18

43

46

58
CAPÍTULO 4
Pratique no seu dia a dia
Beleza *(Slow Beauty)* 60
Loção de crescimento capilar 62
Hidratante + Máscara para pele seca 62
Pasta para olheiras + Desodorante 63
Pós-barba + Máscara Antioxidante 63

64
ALIMENTAÇÃO
Dicas e receitas para desintoxicar o organismo
Creme de ervilha com hortelã e tofu.............. 66
Salada antiestresse.. 67
Hambúrguer de grão-de-bico 68
Sucos *detox* de frutas e hortaliças 69
Bolo de inhame com ricota............................. 70
Sorvete vegano de chocolate 71
Como substituir o sal e o açúcar................. 72
Diga não aos industrializados 76
Maionese sem óleo + Leite de amêndoas...... 78
Creme de avelã e chocolate 78
Nuggets + queijo de mandioca + iogurte 79
Pasta de amendoim 80
Tofupiry cremoso + Leite condensado........... 80
Ghee + *Catchup* + Barrinha de cereais.......... 81

82
CAPÍTULO 5
Conheça outras terapias disponíveis no SUS
Hipnoterapia 84
Terapia de florais + Dança Circular................ 85
Homeopatia + Reiki... 86
Terapia Comunitária Integrativa 87
Constelação familiar 87
Quiropraxia + Medicina antroposófica.......... 88
Shantala + Cromoterapia................................. 89

90
CAPÍTULO 6
Em caso de dúvidas, consulte aqui

96
ÍNDICE REMISSIVO

97
COLABORADORES

98
CURIOSIDADES

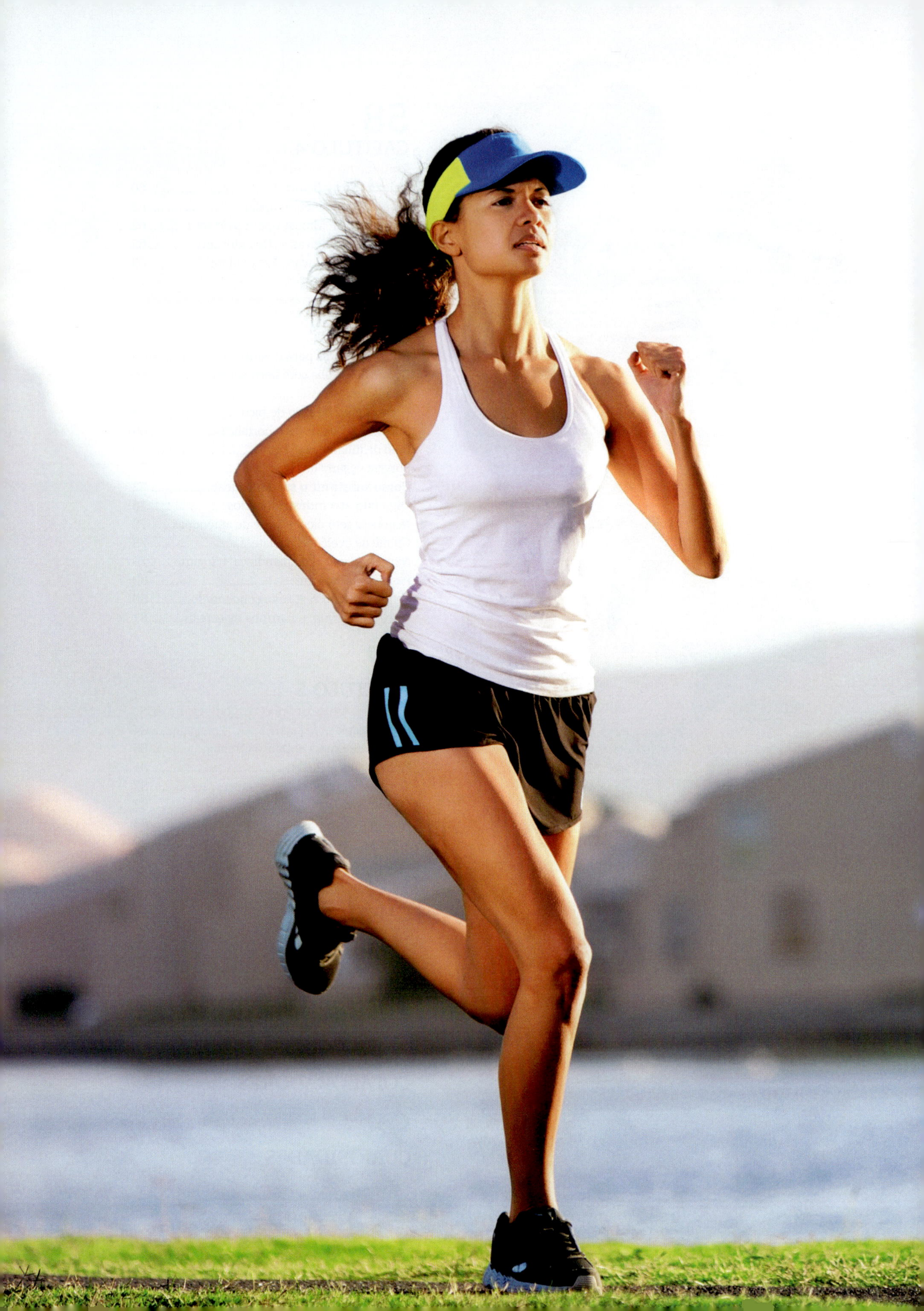

INTRODUÇÃO

4 PASSOS PARA UMA *saúde melhor*

Antes de recorrer às técnicas da naturopatia, adote um estilo de vida que ajude a equilibrar corpo, mente e espírito de maneira simples

INTRODUÇÃO
4 PASSOS PARA UMA SAÚDE MELHOR

1

Refeições livres de produtos industrializados e fartas em frutas, verduras e legumes ajudam a evitar o aparecimento de vários problemas de saúde

Renove a dieta diária

Há cerca de 2.500 anos, o grego Hipócrates, considerado o pai da medicina, já dizia: "Que seu remédio seja seu alimento e que seu alimento seja seu remédio". Depois disso, outros estudiosos perceberam que algumas populações, — cada uma com um tipo diferente de alimentação — tinham menor incidência de certas doenças. Mas só nas últimas décadas conseguiu-se comprovar cientificamente que as funções da comida vão, de fato, muito além de matar a fome, e que cada ingrediente tem seus efeitos sobre a saúde.

Daí a importância de fazer refeições variadas, que ofereçam ao organismo todos os componentes essenciais para o seu bom funcionamento (carboidratos, vitaminas, minerais, proteínas, gorduras e açúcares). "Uma alimentação correta pode evitar o aparecimento de diversas doenças. Para isso, coma várias vezes ao dia, mastigue devagar, não exagere nos doces, evite gorduras em excesso, principalmente as de origem animal, e ingira uma quantidade adequada de líquidos e fibras", sugere André Siqueira Matheus, gastroenterologista e pesquisador da USP.

A ideia é comer de tudo, desde que com moderação. Fernanda Machado Soares, nutricionista e membro da Sociedade Brasileira de Alimentação e Nutrição (SBAN), alerta que alguns desejos podem indicar carência de determinados nutrientes no organismo. "A vontade de comer batata frita, por exemplo, pode significar uma baixa concentração de zinco e triptofano, que desencadeia um desequilíbrio de insulina e desperta o apetite por carboidratos", explica.

De modo geral, recomendam-se refeições fartas em frutas, verduras e legumes, e escassas em sal, açúcares e gorduras de origem animal. Bebidas alcoólicas e alimentos industrializados também devem ficar de fora da lista do supermercado. Seus parceiros na gangue do mal são as frituras e a farinha refinada, que deve ser trocada por alimentos integrais e ricos em fibras. "Também vale evitar itens com conservantes, corantes e agrotóxicos (por sobrecarregarem o sistema de limpeza do organismo, principalmente o fígado), além dos potencialmente alergênicos (como o leite e o glúten, que interferem no processo de digestão e equilíbrio intestinal)", lembra Mariana Duro, nutricionista funcional.

Por fim, valorize o momento de cada refeição. "Evite se alimentar enquanto exerce outra atividade, como na frente da televisão ou do computador. Essa atitude é essencial para quem quer ter saúde e não sofrer problemas gástricos", completa o gastroenterologista e professor da Universidade de Campinas (Unicamp) José Carlos Pareja.

Tenha uma boa noite de sono

Pouca gente faz a associação, mas, além do cansaço, do raciocínio lento, da sonolência e dificuldade de manter o foco durante o dia, não dormir bem provoca danos sérios à saúde. "Uma pessoa que não dorme direito compromete o seu sistema imunológico e tem tendência a desenvolver obesidade, doenças cardiovasculares e gastrointestinais, além da perda crônica da memória", afirma a terapeuta ocupacional Cristina Cury.

A probabilidade de desenvolver diabetes também aumenta. Isso porque a falta de sono inibe a produção de insulina (hormônio que retira o açúcar do sangue) pelo pâncreas e eleva a quantidade de cortisol, o hormônio do estresse, que tem efeitos contrários aos da insulina. "Num estudo, homens que dormiram apenas quatro horas por noite durante uma semana passaram a apresentar intolerância à glicose (estado pré-diabético)", conta a especialista.

De quebra, ter boas noites de sono ajuda a emagrecer. Uma pesquisa feita na Universidade de Chicago (EUA) comprovou que adultos que dormem bem possuem 20% menos gordura abdominal. "Quando temos uma noite ruim, nossos níveis de cortisol (hormônio que também ajuda a estocar gordura) aumentam, deixando a barriga enorme. Dormindo certo, perde-se até 7 kg em um mês", atesta o médico americano Michael Breus no livro *The Sleeper Doctor's Diet Plan* (na tradução, 'O Plano de Dieta do Médico do Sono').

Apesar de tantos estudos comprovando a importância de dormir bem, 43% dos brasileiros não têm uma noite restauradora e apresentam sinais de cansaço no decorrer no dia, segundo dados da Sociedade Brasileira do Sono. E não adianta apelar para remédios por conta própria. O ideal é procurar um médico para descobrir o que tem causado insônia. Há exames que monitoram a noite de quem sofre para dormir, registrando a atividade elétrica cerebral e dos músculos, o movimento dos olhos, a frequência cardíaca, o fluxo e esforço respiratórios, oxigenação do sangue, ronco e posição corpórea.

Identificados os problemas, práticas integrativas podem — e devem — complementar o tratamento, pois garantem resultados expressivos sem gerar dependência ou oferecer riscos à saúde. Meditação, acupuntura, florais e aromaterapia, por exemplo, são ótimos aliados do bom sono porque atuam na frequência cerebral e no nível energético, relaxando mente e corpo simultaneamente.

Outras medidas simples, que podem ser adotadas no cotidiano, também melhoram a qualidade do sono, como evitar o consumo de cafeína e álcool horas antes de dormir, deixar o telefone longe da cama e fazer atividades físicas ao longo do dia.

QUANTAS HORAS POR NOITE?

Um estudo publicado pela National Sleep Foundation, fundação que se dedica à avaliação da literatura científica sobre o sono, atualizou as horas que cada indivíduo deve dormir de acordo com a sua idade. Confira:

- **Bebês de até 3 meses:** 14 a 17 horas
- **Bebês de 4 a 11 meses:** 12 a 15 horas
- **Crianças de 1 a 2 anos:** 11 a 14 horas
- **Crianças de 3 a 5 anos:** 10 a 13 horas
- **Crianças de 6 a 13 anos:** 9 a 11 horas
- **Jovens de 14 a 17 anos:** 8 a 10 horas
- **Adultos de 18 a 64 anos:** 7 a 9 horas
- **Idosos acima de 65 anos:** 7 a 8 horas

INTRODUÇÃO
4 PASSOS PARA UMA SAÚDE MELHOR

3 Exercite-se regularmente

A prática de atividades físicas — mesmo que sejam apenas aqueles 10 minutinhos diários — ajuda a manter a saúde, pois libera substâncias no organismo (como a endorfina e a adrenalina) que promovem a sensação de bem-estar. Isso torna o dia mais prazeroso e aumenta a disposição para o trabalho.

Um dos principais benefícios de quem se exercita com frequência é quebrar a inércia corporal e permitir que a mente se desligue por alguns momentos das preocupações, o que contribui para atenuar o cansaço físico e o estresse do dia a dia. Além disso, quando as causas da fadiga e do desânimo não estão ligadas a fatores físicos ou psicológicos, incorporar um pouco de movimento à rotina dá mais energia e vigor. "O indivíduo que pratica algum tipo de esporte vive mais e melhor", lembra o professor Jacob Jehuda Faintuch, da Clínica Médica do Hospital das Clínicas na Faculdade de Medicina da Universidade de São Paulo (USP).

Vários estudos comprovam a importância da prática regular de exercícios para ter bem-estar, qualidade de vida e manter o equilíbrio do organismo. De acordo com a Organização Mundial da Saúde (OMS), a atividade física é fator determinante do gasto energético e fundamental para o balanço de energia e perda de peso. Já foi demonstrado que quem adota um estilo de vida ativo reduz o risco de doenças coronarianas, Acidente Vascular Cerebral (AVC), diabetes, hipertensão, depressão, entre outros problemas de saúde.

Para espantar de vez o sedentarismo e estabelecer uma rotina de atividades viável, no entanto, é preciso criar um cronograma que considere fatores como tempo livre disponível e lugar — não adianta, por exemplo, planejar duas horas diárias de caminhada em um parque longe de casa ou do trabalho.

Os horários também devem ser levados em consideração. Segundo Christian Barbosa, gestor de tempo e autor do livro *Equilíbrio e Resultado*, se você escolher momentos muito próximos aos do expediente, a chance de imprevistos acontecerem é grande. Por isso, nas primeiras semanas, prefira horários alternativos, como no fim da noite ou de manhã bem cedo. Assim, você não corre o risco de cancelar a caminhada ou a ida até a academia logo de cara e vai ganhando disciplina. Em tempo, lembre-se: escolher uma atividade que seja prazerosa é o primeiro passo para sair do sedentarismo e não voltar mais.

DICAS PARA TER ENERGIA EXTRA

- **Alongue-se:** a cada hora de trabalho, você deve parar de 5 a 10 minutos para se alongar.

- **Ande com frequência:** caminhe no ambiente de trabalho ou mesmo em casa.

- **Mantenha-se disposto:** fique aberto para atividades físicas não programadas, como subir e descer lances de escada, estacionar o carro mais distante ou sair do ônibus um ponto antes.

- **Alie-se à tecnologia:** utilize um pedômetro na cintura para contar quantos passos você dá diariamente e descobrir se é sedentário. Uma pessoa ativa deve caminhar cerca de 10 mil passos por dia.

4
Equilibre corpo, mente e espírito

Para ter uma saúde integral, devemos exercitar todos os corpos: o físico, com atividades e boa alimentação; o emocional, com análise e autoconhecimento; e o mental/vital, com meditação, ioga e práticas respiratórias. Vários pesquisadores, como o médico Deepak Chopra e o físico Amit Goswami, desenvolveram trabalhos que unem os mundos científico e espiritual para ajudar as pessoas a compreenderem outras realidades e atingirem novos níveis de saúde e bem-estar.

Embora pareça algo simples e espontâneo, a respiração, por exemplo, é fundamental para garantir o equilíbrio entre corpo, mente e espírito. Ao inspirar e expirar corretamente, reduzimos a irritabilidade, melhoramos a circulação do sangue, reforçamos o sistema imunológico e eliminamos até 80% das toxinas do organismo. A pneumologista Sandra Reis Duarte explica que a respiração profunda e lenta ainda promove a diminuição do ritmo cardíaco e da pressão arterial, relaxa os músculos e melhora a qualidade do sono e da digestão. "Os músculos que participam da respiração podem ser treinados da mesma forma que os outros músculos do corpo. Esse exercício serve para ganho de força e resistência, proporcionando boa capacidade respiratória, qualidade de vida, saúde e desempenho físico", destaca.

Outro aliado do equilíbrio integral, ainda mais simples que a respiração, é o silêncio. Estudo realizado por pesquisadores alemães concluiu que, por trás de um leve desconforto no ouvido, há dezenas de problemas que acometem a saúde. Entre as principais conclusões da pesquisa, chama atenção a comprovação de que o barulho pode estar diretamente ligado ao infarto e à hipertensão.

Para minimizar os efeitos nocivos que os ruídos causam ao sistema nervoso, a meditação é uma excelente ferramenta. "É uma técnica que estimula a concentração e reorganiza os pensamentos, proporcionando o relaxamento dos músculos e aliviando as tensões físicas e emocionais geradas pelo barulho", assegura a terapeuta psicocorporal Elaine Lilli Fong, do Instituto União (SP).

Por fim, há a medicina integrativa, que reúne esforços para proporcionar o máximo de bem-estar ao paciente. Plínio Cutait, coordenador do Núcleo de Cuidados Integrativos do Hospital Sírio-Libanês, afirma que a prática está sendo cada vez mais adotada porque a humanização na área médica é uma necessidade urgente. Para tanto, os centros de medicina integrativa trabalham com uma grande equipe multidisciplinar que inclui médicos tradicionais, psicólogos, nutricionistas, fisioterapeutas e especialistas em terapias complementares e alternativas, como ioga, reiki, acupuntura e meditação.

Praticar ioga, meditar, respirar corretamente e recorrer a tratamentos complementares ajuda a equilibrar os corpos físico, emocional e mental

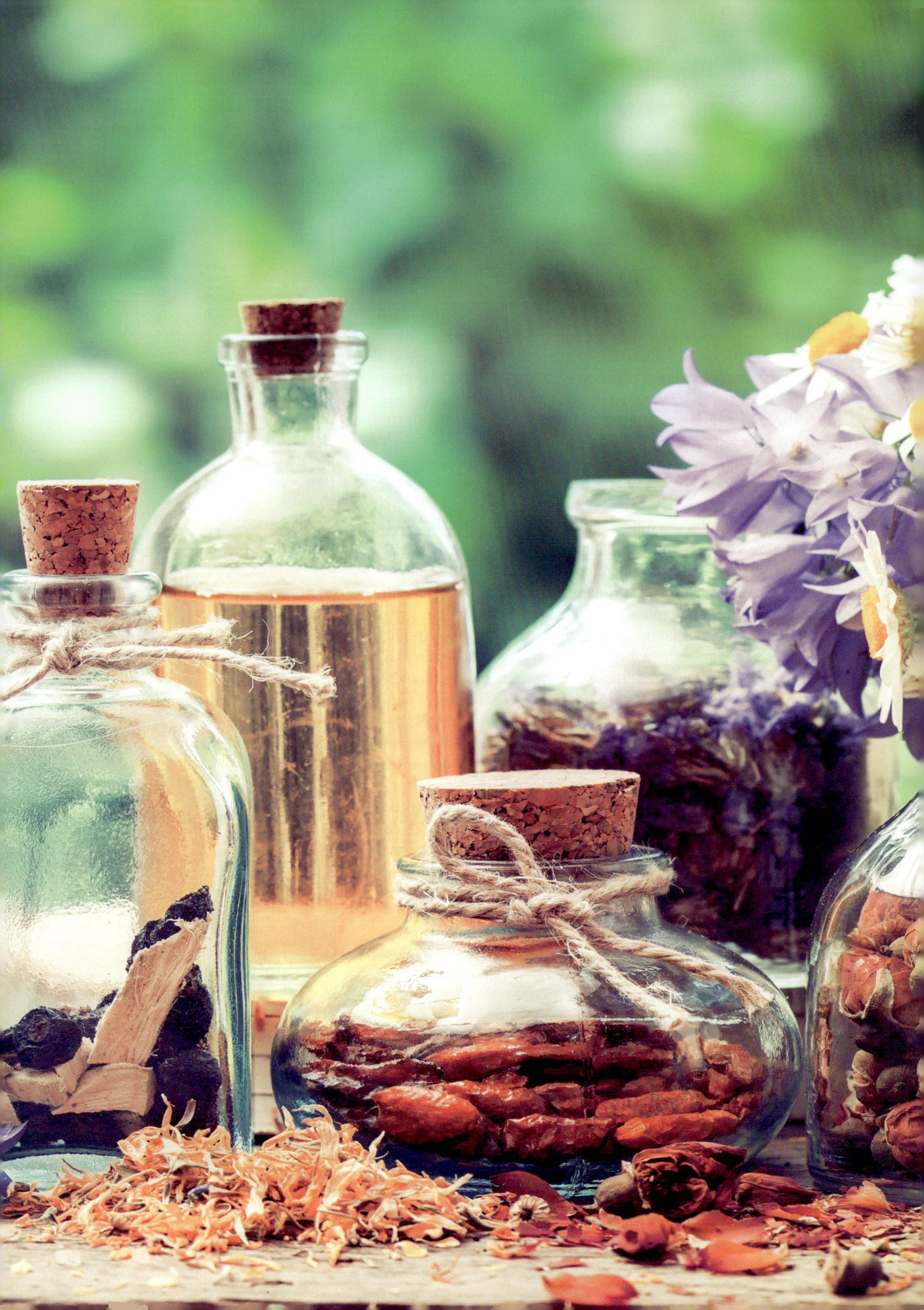

CAPÍTULO 1

AFINAL, O QUE É *naturopatia?*

Conheça a história, os princípios e as técnicas utilizadas pelos adeptos deste sistema de cura, que prega o "retorno à natureza" como forma de prevenir e tratar doenças

CAPÍTULO 1
NATUROPATIA
HISTÓRICO

Sebastian Kneipp fundou um centro de hidroterapia no século XIX para tratar dores e doenças usando apenas a água como recurso

Um pouco de história

A cura e prevenção de enfermidades por meio de alimentos, ervas, banhos, massagens, meditação, exercícios respiratórios e atividades físicas existe há milênios, mas o termo naturopatia propriamente dito só surgiu há pouco mais de um século, com o intuito de distinguir as técnicas terapêuticas 100% naturais das práticas da medicina convencional.

Os precursores desse movimento de "retorno à natureza" foram os médicos alemães do século XIX, além do tcheco Vincenz Priessnitz (1799-1851). "Enquanto os doutores tradicionais 'tratavam' os pacientes com mercúrio, sangrias e outras 'curas modernas', os 'médicos da natureza' levavam os pacientes para caminhadas nos bosques e recomendavam dietas para desintoxicar o corpo, priorizando uma alimentação simples e práticas como apanhar ar fresco, tomar sol e banhos em fontes termais", explica a naturopata portuguesa Vera Belchior, autora do livro *Nascer e Crescer Vegetariano*.

Outros pioneiros nessa tendência foram o médico John Scheel, que criou o termo naturopatia em 1895, e o padre alemão Sebastian Kneipp (1821-1897), que fundou um centro de hidroterapia onde tratava doenças e aliviava dores crônicas usando apenas a água como recurso. A iniciativa deu tão certo que um de seus pacientes, Benedict Lust (1872-1945), se encarregou de difundir esses princípios mundo afora.

Curado pelo próprio Kneipp, Lust introduziu a naturopatia nos Estados Unidos em 1902, quando fundou a American School of Naturopathy (Escola Americana de Naturopatia, em tradução livre) e abriu a primeira loja de alimentos saudáveis do mundo, por volta de 1920, em Nova York. À época, enfatizou a importância de terapias naturais, alimentos orgânicos e hábitos de higiene adequados como forma de desintoxicar o organismo e restabelecer a saúde. Foi a primeira vez que os princípios de uma dieta saudável, como o aumento da ingestão de fibras e a redução de gorduras saturadas, foram incentivados com o propósito de prevenir doenças — embora o grego Hipócrates, considerado o pai da Medicina, já tivesse indicado a alimentação como "remédio" há 2.500 anos.

DA ALEMANHA PARA O BRASIL

Historicamente, a cura por meio da natureza sempre foi praticada no Brasil por índios e benzedeiras, mas não tinha o nome de naturopatia. O primeiro curso de graduação em Naturologia só foi aprovado em 1998. O bacharelado na Universidade do Sul de Santa Catarina (Unisul), em Florianópolis (SC), surgiu com o objetivo de fundamentar e aprimorar o uso e o estudo dos tratamentos naturais que, até aquele momento, englobavam um grupo disperso, apesar da crescente procura por tais práticas.

De lá para cá, a naturopatia passou a ser cada vez mais aceita em terras tupiniquins. A Universidade Anhembi Morumbi, por exemplo, lançou o primeiro curso no estado de São Paulo e o segundo do Brasil. Sem contar as duas entidades que foram criadas para dar suporte aos profissionais da área: a Associação Brasileira de Naturologia (Abrana), fundada em 2004, e a Associação Paulista de Naturologia (Apanat), de 2007. Hoje, estima-se que haja 2 mil naturopatas formados no País, de acordo com uma pesquisa acadêmica realizada na Unisul.

Em 2017, a naturopatia também passou a ser oferecida a pacientes do Sistema Único de Saúde (SUS) para prevenir enfermidades e complementar o tratamento alopático. A ideia é apontar uma predisposição antes do início da doença aguda e, se possível, tratar o paciente com terapias alternativas e mudanças no estilo de vida.

A naturopatia, aliás, trabalha com várias das chamadas PICs (Práticas Integrativas e Complementares). Meditação, ioga, acupuntura e homeopatia são algumas delas. As quatro, inclusive, também são oferecidas pelo SUS. E a tendência é de que o número de métodos e adeptos cresça a cada ano. Segundo dados oficiais, 1,4 milhão de atendimentos individuais foram realizados em 2017.

No universo das celebridades, não é diferente — o que ajudou a reforçar a fama de diversas técnicas mundo afora. A atriz mexicana Salma Hayek, por exemplo, consome pastilhas de Rescue, uma combinação de cinco substâncias de Florais de Bach capaz de aplacar a ansiedade momentânea. Já a cantora islandesa Björk comentou em entrevistas que faz acupuntura quando sua voz não está boa e exige que um profissional esteja sempre disponível durante suas turnês. E tem, ainda, Edson Celulari: o galã da Rede Globo procurou a quiropraxia para tratar uma dor que sentia na coluna e, após ver o resultado, não largou mais a prática.

Você também pode aderir à naturopatia e melhorar sua saúde. Tudo o que precisa fazer é dar o primeiro passo: procure um profissional qualificado para mudar seu estilo de vida, adaptar seus hábitos alimentares e descobrir quais métodos terapêuticos são mais indicados ao seu perfil.

A atriz mexicana Salma Hayek (no alto), o ator Edson Celulari (acima) e a cantora Björk (abaixo) recorrem constantemente a práticas complementares para cuidar da saúde física e mental

CAPÍTULO 1
NATUROPATIA
FUNDAMENTOS

A CURA PELA *natureza*

Prática propõe uma alimentação natural e novos hábitos de vida para eliminar substâncias tóxicas do organismo e ajudar o paciente a restabelecer a saúde física e emocional por si próprio

A naturopatia consiste no uso de meios 100% naturais para fazer o organismo manter ou restabelecer a saúde. Uma de suas premissas é a de que o ser humano tem uma capacidade intrínseca de autocura. Por isso, os naturopatas estudam o corpo, a mente e todo o histórico de vida do paciente para chegar às causas do sofrimento por meio de uma abordagem holística — algo diferente da medicina convencional, que costuma focar apenas as doenças e seus sintomas. Depois, recorrem a técnicas como nutrição, mudanças de comportamento e uma infinidade de PICs (Práticas Integrativas e Complementares), tais como homeopatia, acupuntura e fitoterapia, para tratar os problemas. E mais: os métodos auxiliam o indivíduo a enxergar a vida por outras perspectivas.

Em meio a esse amplo leque de possibilidades terapêuticas, a alimentação desponta como fator fundamental para o processo de desintoxicação do corpo, de dentro para fora. O chamado *detox* potencializa a função do fígado, dos rins e do intestino, órgãos responsáveis por metabolizar e eliminar as toxinas. Mas, para tanto, é importante que as refeições sejam ricas em cereais, frutas e verduras frescas, livres de agrotóxicos. Produtos com corantes, conservantes e outros aditivos químicos, por sua vez, devem ser evitados. Ou seja, itens não-orgânicos, industrializados ou processados devem ser riscados da lista de compras no supermercado, assim como produtos frescos de procedência duvidosa, como carnes, peixes e mariscos, que podem conter antibióticos, hormônios ou estar contaminados por metais pesados, a exemplo do mercúrio, muitas vezes presente em pescados.

O estresse e a poluição também contribuem para o acúmulo de toxinas. Para liberar essas substâncias do corpo, são utilizadas técnicas como massagem, hidroterapia, medicamentos fitoterápicos, meditação, ioga e uma dieta que recupere o equilíbrio natural do organismo. "A desintoxicação tem que respeitar as necessidades individuais. Por isso, cada pessoa recebe um tratamento diferente. A água de boa qualidade é o nosso maior aliado em quase todos os casos. Também é comum receitarmos sucos de frutas ou hortaliças, caldos de legumes, arroz integral, entre outros", esclarece a naturopata Márcia Ketzer.

Abordagem holística inclui o uso de plantas e métodos integrativos com foco na prevenção

CAPÍTULO 1
NATUROPATIA
FUNDAMENTOS

Além de uma dieta saudável, é igualmente fundamental adotar um estilo de vida compatível, que preconize a prática regular de atividades físicas, o bem-estar emocional e hábitos como evitar bebidas alcoólicas, comidas gordurosas, açúcar, adoçantes e cigarro. Afinal, não adianta nada passar o dia comendo *hot dog* ou hambúrguer com batata frita e depois tomar um suco verde achando que, assim, vai desintoxicar o organismo. Para que os resultados sejam efetivos, a mudança de hábitos deve ser completa e duradoura.

DIAGNÓSTICO E INDICAÇÕES

Por tratar o paciente como um todo, e não apenas uma doença ou seus sintomas, a naturopatia tem caráter especialmente preventivo e pode ser indicada para os mais diversos problemas de saúde, tanto físicos quanto emocionais ou psíquicos. A duração dos tratamentos varia de acordo com a profundidade do processo de investigação de cada paciente e, principalmente, com o quanto ele está disposto a mudar seus hábitos para ser agente da própria cura.

De acordo com Daniel Alan Costa, especialista em Bases de Medicina Integrativa do Hospital Israelita Albert Einstein e coordenador do curso de pós-graduação em Naturopatia da Universidade Paulista (Unip), há geralmente três tipos de paciente que procuram o atendimento de um naturopata: tem os que buscam estratégias de promoção da saúde e prevenção de doenças; os que apresentam vários sintomas que não foram resolvidos pelos métodos convencionais; e aqueles que foram diagnosticados com doenças graves e estão procurando opções de tratamento.

Independentemente da situação em que a pessoa se encontra, a descoberta pela terapia adequada é sempre bem parecida. "O ideal é que o indivíduo passe pela avaliação de um profissional naturopata. A partir de algumas ferramentas avaliativas, ele irá definir, em conjunto com o paciente, qual será a estratégia de tratamento, incluindo as técnicas que serão utilizadas", explica Costa. "O grande diferencial desse especialista é que ele pode personalizar cada tratamento com os métodos mais adequados a cada pessoa", completa.

A naturóloga Giane Honorato explica ainda que um naturopata pode, por exemplo, decidir trabalhar mais com terapias específicas da Medicina Tradicional Chinesa, ayurvédicas, antroposóficas ou tradicionais. Mas, independentemente da abordagem, o trabalho sempre será baseado na observação do paciente como um todo, considerando-o física, emocional e psicologicamente.

Especialista deve avaliar o paciente como um todo para poder personalizar o tratamento de acordo com o seu perfil

VOCÊ COMO AGENTE DA PRÓPRIA CURA

Outro conceito importante é o de que a naturopatia considera o indivíduo tratado como interagente. Isso significa que ele deve participar ativamente do processo de cura. "O paciente é incentivado a desenvolver a autonomia, de modo que também seja responsável por sua saúde. Essa abordagem faz com que a pessoa amplie a autorreflexão, o autoconhecimento e o autocuidado", revela Jacqueline Guerra Calçado, diretora social e de comunicação da Associação Brasileira de Naturologia (Abrana).

E por falar em cuidar de si, a naturopatia pode, sim, ser praticada em casa. Mas com algumas ressalvas. De acordo com Costa, não é recomendável determinar o tratamento ideal por escolha própria. Porém, após iniciar o acompanhamento com um profissional, ele poderá indicar algumas técnicas passíveis de serem realizadas pelo próprio paciente, como água solarizada, elixir de cristais, chás e emplastos com argila. "Durante a prática em casa, a pessoa deve observar atentamente os efeitos. Caso perceba que algo está estranho ou note alguma reação não relatada pelo profissional, ela deverá imediatamente buscar orientação", alerta o especialista.

6 PILARES DA NATUROPATIA

1) PODER DE CURA DA NATUREZA
O organismo tem a capacidade inata de restabelecer a saúde por si próprio.

2) IDENTIFICAR E TRATAR A CAUSA
Para todo problema de saúde, há sempre uma causa subjacente, seja física ou emocional.

3) NÃO FAZER MAL
Um naturopata nunca usará tratamentos que possam criar outros problemas ao doente.

4) TRATAR A PESSOA COMO UM TODO
Ao preparar um plano de tratamento, todos os aspectos do paciente devem ser levados em consideração.

5) O NATUROPATA COMO PROFESSOR
O profissional deve orientar o doente a assumir a responsabilidade pela sua própria saúde, ensinando-o a cuidar de si.

6) PREVENIR É MELHOR QUE REMEDIAR
O naturopata pode remover substâncias tóxicas e sugerir certos estilos de vida para prevenir o aparecimento de novas enfermidades.

CAPÍTULO 1
NATUROPATIA
FUNDAMENTOS

COMO ESCOLHER O PROFISSIONAL

Na hora de procurar um profissional capacitado, é importante que o paciente observe dois pontos: suas referências no mercado e sua formação. Hoje, existem apenas duas graduações de nível superior em Naturologia no Brasil. Uma é oferecida pela Universidade do Sul de Santa Catarina (Unisul) e a outra, pela Universidade Anhembi Morumbi, em São Paulo. Já quando o assunto é naturopatia, por enquanto, só existem cursos de nível técnico e de pós-graduação.

Etimologicamente falando, a naturologia refere-se ao estudo dos métodos naturais de cura e a naturopatia seria a aplicação terapêutica deste conhecimento. Mas, na prática, não se faz muita distinção entre os termos. "Naturologia e naturopatia são equivalentes, mas com nomenclaturas diferentes. Ambas seguem os mesmos princípios e utilizam as mesmas técnicas. A diferença é que no Brasil temos o hábito de chamar de naturologia e no mundo é mais conhecida como naturopatia. Em relação aos cursos em si, há diferenças na carga horária, mas semelhanças nas grades de estudos", afirma Jacqueline Guerra Calçado, diretora social e de comunicação da Associação Brasileira de Naturologia (Abrana).

O PASSO A PASSO DA CONSULTA

A avaliação inicial com um profissional naturopata dura entre uma e duas horas. Isso porque o especialista fará uma série de perguntas para descobrir qual será o tratamento mais adequado. História familiar, estilo de vida, fatores causadores de estresse, histórico de acidentes e lesões, situações no ambiente de trabalho e outros eventos significativos, que podem ter afetado a saúde ou o bem-estar do paciente, estão entre os questionamentos mais comuns.

"Muitas vezes, os naturopatas usam questionários baseados nos conhecimentos da Medicina Tradicional Chinesa (MTC) ou do Ayurveda, e ainda fazem avaliações energéticas para verificar se há desequilíbrio nos chakras — os centros de energia do corpo — e para descobrir se há incompatibilidade com determinados alimentos e ervas", comenta Costa.

Jacqueline acrescenta que, como lança mão de conhecimentos das medicinas chinesa e ayurvédica durante esse processo de anamnese e diagnóstico, o profissional pode recorrer a exames nada convencionais, como a inspeção da face, da língua, do pulso, da íris e da esclera (parte branca do olho).

Avaliação é longa e pode incluir formas de exame próprias das medicinas chinesa e ayurvédica

UM PRINCÍPIO, MUITOS MÉTODOS

A partir dessa análise detalhada, o naturopata — junto com o paciente — consegue definir o plano terapêutico, que pode envolver uma ou mais técnicas. Várias delas, inclusive, já são oferecidas pelo Sistema Único de Saúde *(leia mais nas páginas 82 a 89)*.

Segundo a Abrana, as práticas oficiais estudadas no Brasil são: terapia floral, aromaterapia, fitoterapia, massoterapia, recursos hídricos, reflexologia, cromoterapia, Medicina Tradicional Chinesa, Ayurveda, recursos expressivos e terapias mente-corpo. Mas as grades dos cursos de naturopatia abordam diversas outras modalidades. A pós-graduação da Unip, por exemplo, inclui os estudos de radiestesia, cristais, *feng shui* e até de mantras e mudrás entre as disciplinas. Outros métodos, como oligoterapia e *biofeedback*, também são aceitos e exercidos por profissionais da área, mas não fazem parte da grade oficial.

Seja quais forem os métodos escolhidos, todas as práticas, quando combinadas de forma adequada, são capazes não só de prevenir como também de tratar doenças agudas e crônicas, da artrite às infecções de ouvido, da asma ao HIV, da insuficiência cardíaca à hepatite.

Confira nas próximas páginas dez modalidades bastante utilizadas dentro da naturopatia.

Além da abordagem holística, pode-se recorrer a estudos de radiestesia, biofeedback, florais e até mantras

Várias técnicas indicadas por naturopatas no Brasil já estão disponíveis pelo Sistema Único de Saúde

CAPÍTULO 1
NATUROPATIA
MÉTODOS

Hidroterapia

A água como meio de reabilitação para problemas de mobilidade, dores reumáticas, Parkinson e afecções respiratórias

Também conhecida como fisioterapia aquática, a hidroterapia compreende um conjunto de várias práticas que usam a água como recurso profilático ou terapêutico. Normalmente, os naturopatas lançam mão desta técnica por conta do fato de a água permitir que o paciente faça movimentos que seriam impossíveis no solo, mas que são importantes para a sua recuperação. Esse método é especialmente indicado para problemas ortopédicos, reumáticos, neurológicos, respiratórios, pediátricos e psicológicos. Entre eles, destacam-se casos de artrite, reumatismo, fraturas, lesões musculares, Parkinson e bronquite.

Mais do que efeitos analgésicos, a hidroterapia é uma grande aliada em processos de reabilitação porque ajuda a melhorar a circulação sanguínea e linfática, assim como a capacidade respiratória de um modo geral. Além das piscinas, a terapia também pode ser feita por meio de duchas quentes, frias ou mornas, turbilhões, sauna e muitas outras formas, de acordo com as necessidades de cada pessoa. As sessões podem ser individuais ou em pequenos grupos, dependendo da atenção que o paciente demanda do especialista.

TERMALISMO E CRENOTERAPIA

Outra técnica que utiliza a água como recurso terapêutico é o termalismo. Considerado um dos procedimentos medicinais mais antigos da história e disponível no nosso Sistema Único de Saúde (SUS), o método consiste em usar a água mineral em temperaturas acima de 25ºC para manter ou restabelecer a saúde.

Já a crenoterapia complementa tratamentos médicos por meio da ingestão, inalação ou imersão em águas minerais, sejam quentes ou não. O que diferencia a água mineral da comum é a maior concentração natural de sais e outras substâncias benéficas ao organismo.

Ambas modalidades passaram a fazer parte da Política Nacional de Práticas Integrativas e Complementares (PNPIC) graças ao potencial brasileiro desse recurso terapêutico, que trata desde doenças reumáticas até afecções dermatológicas. Na cidade de Santo Amaro da Imperatriz (SC), por exemplo, o SUS oferece a terapia a pacientes com dores crônicas por meio do projeto Termalismo na Atenção Básica Catarinense. Eles são atendidos na estância de águas termais do município, conhecidas por seus efeitos analgésicos.

Medicina Tradicional Chinesa

Acupuntura, massagens, dietoterapia e movimentos corporais para prevenir desarmonias energéticas e tratar doenças

A Medicina Tradicional Chinesa (MTC) abrange um conjunto de técnicas desenvolvidas no Oriente há milhares de anos e bastante distintas entre si, como a acupuntura, o moxabustão, a fitoterapia, o *cupping* (ventosaterapia), os métodos massoterapêuticos que originaram a massagem *Tui Na* e os movimentos corporais inspirados em artes marciais, a exemplo do *Tai Chi Chuan* e do *Qi Gong*. As opções são diversas e os naturopatas costumam lançar mão de várias delas para diagnosticar possíveis desequilíbrios energéticos, prevenir e tratar doenças.

Baseados nos conceitos filosóficos do Yin e Yang e dos Cincos Elementos, esses modelos de tratamento consideram que as enfermidades nada mais são do que a manifestação de uma desarmonia ou bloqueio da energia vital (Qi) no organismo. Essa alteração das funções pode ter relação com vários fatores comumente observados na naturopatia: excesso ou falta de atividade (física, mental, laboral, sexual); alimentação ou respiração inadequadas; viver sob a influência de componentes externos que o prejudicam (como calor, frio e umidade); e questões emocionais (medo, tristeza, ansiedade, raiva, entre outras).

Esse contexto faz com que o paciente seja analisado como um todo para que se descubram as origens de cada sintoma. "Na Medicina Tradicional Chinesa, a gente trata o doente, e não a doença. Muitas vezes, o tratamento de uma dor de cabeça, por exemplo, é diferente para dois pacientes", explica o médico Alexandre Massao Yoshizumi, diretor do Colégio Médico Brasileiro de Acupuntura (CBMA).

A dor, por sua vez, seria resultado de uma estagnação de energia e sangue em determinada região do corpo. A queda do nível de oxigênio no local de uma lesão, por exemplo, faz com que terminações nervosas sejam estimuladas e levem — pela medula até o cérebro — a informação de que há dor e perda de nutrientes. Para retomar a circulação da energia e do sangue no local afetado, pontos específicos dos meridianos (canais de energia) precisam ser estimulados, seja por meio de agulhas, massagens, ventosas, calor ou ervas medicinais.

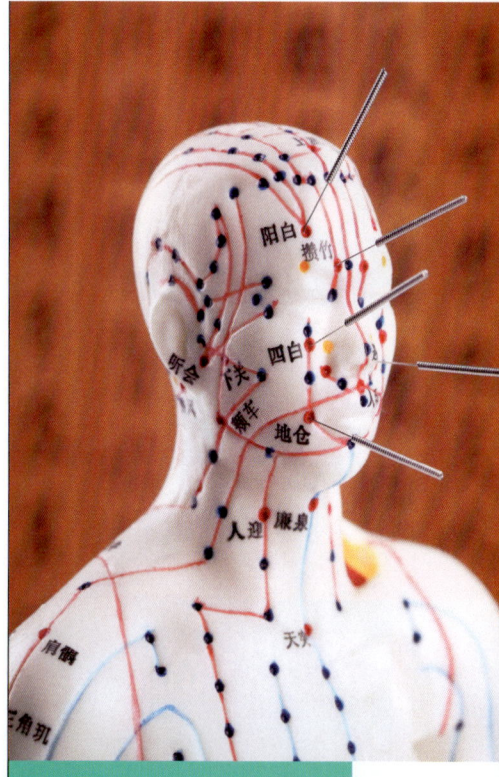

SAÚDE NA PONTA DAS AGULHAS

Embora a acupuntura seja reconhecida como especialidade médica no Brasil e oferecida pela rede pública de saúde há quase três décadas, o maior acesso ao tratamento só veio com a implementação da Política Nacional de Práticas Integrativas e Complementares (PNPIC), em 2006. Desde então, várias cidades passaram a oferecer a técnica em hospitais públicos. É o caso de Campo Verde (MT), onde o grande número de queixas de dor na coluna nas Unidades Básicas de Saúde Fluviais (UBSF) levou à criação de um Grupo de Lombalgia que lança mão das agulhas para aliviar dores nas costas. Os resultados foram imediatos e o uso do método chinês na Atenção Básica ainda reduziu o número de encaminhamentos de média complexidade.

CAPÍTULO 1
NATUROPATIA
MÉTODOS

Meditação

Prática milenar aumenta o córtex cerebral, reforça as defesas do organismo e estimula até a felicidade

A palavra meditar tem origem no latim *mederi*, que significa "tratar, curar, dar atenção médica a alguém". Seu conceito, no entanto, vai muito além disso. Os primeiros registros históricos datam de 1.500 a.C., quando a meditação tinha um caráter espiritual. De lá para cá, várias técnicas foram desenvolvidas, mas só recentemente pesquisas científicas comprovaram aquilo que os mestres budistas viviam repetindo: fazer a mente sair do piloto automático por alguns minutos ao dia tem efeitos reais e mensuráveis no corpo.

Até a felicidade é estimulada pela prática meditativa, o que ajuda a explicar a sua súbita popularização no Ocidente. Principalmente a partir do ano 2000, quando o Dalai Lama, líder do budismo tibetano, sugeriu a um grupo de psicólogos e neurologistas que estudassem um time de craques em meditação para verificar o que ocorria em seus corpos durante o "transe". Os cientistas aceitaram o desafio e, desde então, as pesquisas não param de revelar dados surpreendentes, como as descobertas de que meditar aumenta a espessura do córtex cerebral, reforça o sistema imunológico e pode reduzir a frequência cardíaca a míseros três batimentos por minuto (a média para pessoas em repouso é de 60 b.p.m.).

Há várias formas de meditar, mas a modalidade mais utilizada na rede pública de saúde é a da atenção plena *(mindfulness)*, que consiste em focar intencionalmente o momento presente, numa atitude aberta e sem julgamentos. O método ganhou espaço na medicina a partir de 1979, quando o médico e pesquisador americano Jon Kabat-Zinn, da Universidade de Massachusetts, nos Estados Unidos, criou um programa inspirado em meditações budistas, mas sem o contexto religioso, a fim de que qualquer paciente com estresse pudesse praticar, independentemente da cultura ou de suas crenças.

Hoje, há adeptos da técnica no mundo todo e centenas de centros especializados no Brasil que atendem pacientes, empresários, estudantes e até grupos de policiais militares. Personalidades como o dirigente da Ford, Bill Ford, o ex-vice-presidente americano Al Gore e as apresentadoras de TV Oprah Winfrey e Fernanda Lima já aderiram ao método, assim como Angélica, que recorreu à prática para livrar-se de uma síndrome do pânico.

BENEFÍCIOS PARA A SAÚDE

1) Reduz o estresse e a ansiedade.

2) Aumenta a satisfação e melhora o desempenho no ambiente de trabalho.

3) Dá menos insônia.

4) Ajuda a combater a depressão.

5) Aumenta as sensações de bem-estar e autoestima.

6) Estimula a criatividade, inteligência e memória.

7) Fortalece os sistemas nervoso e imunológico.

8) Reduz a pressão arterial.

9) Atenua dores de cabeça.

10) Diminui o consumo do tabaco, do álcool e de drogas ilícitas.

Ioga

Concentração e posturas nada convencionais para o mais perfeito equilíbrio entre corpo e mente

A iogaterapia é a aplicação de técnicas do ioga para a prevenção ou o alívio de doenças do corpo e da mente. Derivado da palavra em sânscrito "yuj", que significa "unir ou integrar", o método é um conjunto de conhecimentos milenares que visa a harmonizar corpo e mente por meio de técnicas de respiração, postura e meditação. Durante as aulas, o ato de inspirar deve ser feito sempre pelas narinas, de maneira lenta, rítmica e controlada. Já a atenção deve concentrar-se nos movimentos, a fim de melhorar a flexibilidade e a consciência corporal do indivíduo.

Apesar de ter uma forte ligação com a religião hindu, o ioga não envolve crenças nem rituais. A única proposta é religar o ser humano à sua essência. O resultado é uma série de benefícios à saúde, como redução nos níveis de colesterol, melhora de problemas respiratórios, controle da pressão arterial e um invejável condicionamento físico. "É especialmente indicado para qualquer condição relacionada com estresse, além de pessoas com hipertensão, diabetes, ansiedade e depressão", diz Joseph Le Page, fundador da escola Yoga Integrativa.

Não à toa, mais de 200 milhões de pessoas praticam ioga ao redor do mundo, de acordo com dados da Unesco (Organização das Nações Unidas para a Educação, Ciência e Cultura). A prática é tão importante que foi declarada pela entidade como Patrimônio Imaterial da Humanidade e possui várias celebridades entre seus adeptos, como os cantores Jon Bon Jovi e Adam Levine, do Maroon 5, as *popstars* Madonna e Lady Gaga, a apresentadora Fernanda Lima e as atrizes Reese Witherspoon e Mariana Ximenes. Gisele Bündchen e o marido Tom Brady também praticam. A *top model* brasileira, inclusive, declarou que o ioga e a meditação são duas atividades indispensáveis em sua vida e essenciais para encontrar a paz interior.

Em Campinas (SP), o Sistema Único de Saúde (SUS) oferece grupos de ioga que se reúnem semanalmente. Os encontros ocorrem em locais comunitários dentro dos territórios de cobertura de cada Centro de Saúde, para que sejam mais acessíveis à população. As aulas — abertas ao público — ajudam a manter a saúde e também servem como complemento ao tratamento clínico de diversas doenças.

MOTIVOS PARA VOCÊ PRATICAR

1) **Aumenta a flexibilidade.**

2) **Previne lesões** porque desenvolve o equilíbrio, flexibiliza as articulações e tonifica os músculos.

3) **Evita a incontinência urinária.**

4) **Dá disposição**, combate o estresse e favorece a saúde mental.

5) **Fortalece a respiração**, o que contribui para a circulação sanguínea e aumenta a imunidade.

6) **Melhora a qualidade do sono.**

7) **Corrige a postura**, prevenindo dores nas costas e no pescoço.

8) **Não tem contraindicações.**

9) **Melhora a memória**, o poder de foco e a concentração.

10) **Facilita a digestão e excreção.**

11) **Beneficia o sistema cardiovascular**, atenuando desde hipertensão até fibromialgia.

CAPÍTULO 1
NATUROPATIA
MÉTODOS

Geoterapia

Argila e barro para absorver as toxinas que prejudicam o organismo e trazer alívio para inúmeras enfermidades

Saúde e bem-estar com elementos vindos da natureza. Essa é a geoterapia, prática que utiliza a argila e o barro para desintoxicar o corpo. Esses minerais, que já eram usados pelos povos egípcios para combater inflamações e úlceras — e que também curaram muita gente durante a Idade Média e a Segunda Guerra Mundial —, têm ganhado cada vez mais adeptos nos dias atuais. "A argila ajuda a equilibrar a energia do corpo. É uma terapia complementar com resultados muito positivos", afirma a terapeuta holística Nilma Glória Braga Siqueira.

A profissional garante que, por se tratar de uma maneira natural de restabelecer a harmonia energética do organismo, essa prática pode ser usada para qualquer doença. "Nós não interferimos no tratamento convencional escolhido pelo paciente. Agimos de forma complementar para reequilibrar a energia no órgão, ajudando na recuperação do paciente."

Dependendo da concentração de minerais, a argila funciona como anti-inflamatório, cicatrizante, desintoxicante, vermífugo, normalizador da digestão, antidiarreico e analgésico. Por isso, cada cor tem uma funcionalidade. De acordo com Geraldo Cardoso, terapeuta naturista da Clínica Oásis, a argila branca, por exemplo, é especialmente indicada para curar gastrite, úlcera e colite. Já a verde é ideal para tratar tumores, câncer do tubo digestivo, acne ou artrose. Mas todas (incluindo a cinza e a rosa) têm ação absorvente sobre os gases, as toxinas e os micro-organismos patogênicos, o que ajuda o corpo a restabelecer a saúde em qualquer situação.

Nilma, no entanto, alerta: "O ideal é utilizarmos a terra pura, limpa. Ela não pode ser contaminada de forma alguma. Por isso, não recomendamos a utilização da argila vendida em floriculturas. Tem de ser a argila preparada para tratamentos terapêuticos". Também é importante que a argila só seja aplicada em feridas após ser esterilizada. Para tanto, deve-se deixá-la secar ao sol por cinco horas, passá-la por uma peneira metálica fina e, por fim, aquecê-la em banho-maria. Quando utilizada externamente, ela atua como um poderoso anti-inflamatório, antisséptico, analgésico, cicatrizante, antitraumático, refrescante e tonificante.

COMO PREPARAR UM CATAPLASMA DE USO EXTERNO

1) Misture a argila com um pouco de água em um recipiente, que pode ser de esmalte, vidro, barro, louça ou madeira (evite plástico ou metal). A água deve ser, de preferência, mineral, sem gás e não clorada. A mistura deverá adquirir a consistência de uma pomada macia, sem escorrer ao aplicá-la.

2) Estenda um tecido de linho ou malha de algodão (evite fibras sintéticas) em uma superfície que tenha, no mínimo, o dobro da extensão ocupada pela argila. Utilize uma espátula de madeira para dissolver a argila e espalhá-la sobre o tecido, que deve ter tamanho três vezes maior que o da superfície do órgão ou da articulação a ser tratada.

3) Aplique o cataplasma diretamente sobre a pele. Em áreas com feridas abertas, é aconselhável utilizar a argila espalhada entre dois gases ou malha de algodão. Nesse caso, use argila esterilizada e vendida para fins terapêuticos.

Massoterapia

Técnicas de massagem orientais, pedras quentes e até cristais podem ser utilizados para tratar corpo e mente

Para melhorar a saúde e prevenir desequilíbrios, a massoterapia trabalha com diversos tipos de massagem. A naturóloga Giane Honorato comenta que a lista inclui desde técnicas orientais (como os tratamentos corporais ayurvédicos, o *shiatsu*, a reflexologia e a massagem *Tui Na*, típica da Medicina Tradicional Chinesa) até métodos desenvolvidos no Ocidente, a exemplo da terapia com pedras quentes.

A grande diferença entre a massoterapia e a massagem convencional é que o massoterapeuta entrevista e estuda o paciente antes do procedimento. É dessa forma que ele vai recomendar a abordagem mais adequada de acordo com as queixas e necessidades físicas e mentais do indivíduo.

Reconhecida pela Organização Mundial da Saúde (OMS), a prática é indicada pelos naturopatas especialmente a pessoas que necessitam de relaxamento muscular, liberação de toxinas pela corrente sanguínea, melhora da circulação ou alívio de tensões, estresse e dores. Também é uma opção para quem procura bem-estar de forma geral, sendo uma das opções preferidas dos frequentadores assíduos de spas.

PEDRAS QUENTES

Os princípios da massoterapia também são trabalhados por especialistas em tratamentos com pedras quentes, termoterapia e até cristais. Giane explica que, durante a massagem, as pedras quentes têm a função de aquecer pontos específicos do corpo, sendo bastante indicadas por naturopatas para aliviar dores agudas e crônicas, além de deixar mais agradável uma massagem que poderia ser muito dolorida se fosse feita de maneira convencional. Também é uma boa alternativa em casos de estresse e insônia, principalmente se atuar em conjunto com a aromaterapia.

Na prática, as pedras aquecidas são colocadas ao longo dos músculos do paciente e massageadas. Quando o calor chega aos tecidos mais profundos e promove a dilatação dos vasos sanguíneos, faz o organismo liberar toxinas que depois serão eliminadas pela pele, rins, pulmão e intestino grosso. Por isso, a terapia é muito usada no processo de desintoxicação e perda de peso, além de atenuar transtornos como ansiedade e depressão.

O PODER DE CURA DOS CRISTAIS

Ensinada no curso de pós-graduação em Naturopatia da Unip, a cristaloterapia baseia-se no conceito de que todo ser vivo é movido por uma força vital. "Essa energia pode ficar estagnada ou circular em excesso em determinadas condições, causando problemas na área correspondente do corpo e também no psicológico", explica a especialista Francine Hoki. Segundo ela, os cristais podem oferecer resultados expressivos em momentos de crise emocional, trazendo tranquilidade, equilíbrio e foco em casos de depressão e ansiedade. Já no aspecto físico, os cristais têm efeito muito rápido e efetivo no combate à dor. Além disso, podem ser usados para regenerar ossos e tecidos, corrigir o fluxo de líquidos no organismo, equilibrar o metabolismo e a propagação de impulsos nervosos. Isso porque, segundo Francine, a composição química dos cristais inclui minerais que fazem parte da estrutura e de processos metabólicos do ser humano, como cálcio, magnésio, potássio e sódio.

CAPÍTULO 1
NATUROPATIA
MÉTODOS

ALGUNS ÓLEOS ESSENCIAIS

- **Gerânio:** é recomendado para acne, celulite, problemas renais, machucados, amidalite, diabetes, hemorragia e queimaduras. Contraindicado a pessoas com peles sensíveis e grávidas.

- **Alecrim:** Em hospitais da França, essa erva era queimada para purificar o ar e prevenir infecções. É indicado para tratar abscessos, asma, cãibras, debilidade, exaustão, estafa e cansaço mental. Só não deve ser utilizado por hipertensos e pessoas com epilepsia, devido às suas qualidades estimulantes.

- **Bergamota:** é um poderoso antidepressivo, sedativo, antisséptico e desodorante. Previne infecções do trato urinário, acne, cistites, prurido vaginal, halitose, psoríase, perda de apetite e ansiedade. Mas cuidado: é fototóxico e, portanto, não pode ser usado quando houver exposição da pele ao sol.

- **Lavanda:** seu óleo possui ação analgésica, antibiótica, antidepressiva e bactericida. Possui efeito descongestionante e sedativo, sendo indicado para casos de sinusite, bronquite, asma, eczema, sarna, catarata e hipertensão. Único óleo que pode ser aplicado direto sobre a pele, especialmente em queimaduras.

- **Camomila-dos-alemães:** Graças ao azuleno nela contido, é um excelente anti-inflamatório, leve sedativo para uso infantil e imunoestimulante, sendo bastante indicada para artrites. O único senão é que pode causar dermatite em algumas pessoas.

Aromaterapia

Fragrâncias influenciam o comportamento humano, estimulam o funcionamento dos órgãos e agem no sistema imunológico

O uso de aromas em cuidados com a saúde é quase tão antigo quanto o *homo sapiens*. Ao longo da história, aprendemos a cultivar plantas e extrair delas óleos essenciais para os mais diversos fins. Entre os muçulmanos, a prática é considerada sagrada: no Alcorão, os perfumes são descritos como a essência da vida. Mas a aromaterapia, ou o uso do olfato e dos óleos essenciais como tratamento curativo, foi idealizada por Marguerite Maury, enfermeira austríaca (1895-1968). Combinando massagem oriental e óleos, ela elaborou fórmulas personalizadas para cada paciente e depois compilou suas receitas em um livro. A partir desse evento, a comunidade científica passou a se interessar sobre o efeito dos aromas nos seres humanos.

Segundo Sonia Corazza, autora do livro *Aromacologia — Uma Ciência de Muitos Cheiros* (Senac), a utilização dos óleos essenciais com fins terapêuticos geralmente visa ao alívio de sintomas. "Existe uma vasta gama de indicações para patologias emocionais e físicas. Quando os desequilíbrios são de natureza psicossomática, eles são resolvidos mais rapidamente, pois o olfato está ligado à memória emocional". A explicação para isso seriam os efeitos funcionais desses óleos. "Capazes de atuar no sistema nervoso central e no equilíbrio hormonal, eles também caminham na corrente sanguínea pela mucosa nasal, pulmonar ou por difusão do sistema nervoso", explica Sonia.

Quem deseja submeter-se a esse tipo de terapia deve procurar profissionais rigorosamente treinados para essa prática. Como não existem cursos de especialização no Brasil, o ideal é que os terapeutas tenham formação em naturopatia, fisioterapia, biologia, farmácia, química, medicina, psicologia ou homeopatia. Isso porque, embora a técnica seja indicada para todas as idades, ela possui algumas contraindicações. "A escolha do terapeuta é fundamental, pois o uso abusivo pode desencadear reações adversas", pondera Fernando Amaral, osmólogo e diretor científico da World's Natural Fragrances.

A terapia poderá valer-se da difusão aérea dos aromas, banhos e até massagens. E para que funcione, a absorção dos óleos deve ocorrer por 20 minutos, média mínima para cada aplicação. Quanto à perspectiva de espera por resultados, Amaral afirma que o uso da aromaterapia é um estilo de vida, e não um remédio que se utiliza de acordo com uma bula. "Não podemos falar em tempo de tratamento. O que se busca é o bem-estar geral do paciente", conclui o especialista.

Recursos expressivos

Artes plásticas, música, canto e dança dão vazão aos sentimentos e equilibram as emoções

A arteterapia baseia-se no uso de diversas formas de expressão artística com finalidades terapêuticas para a promoção de saúde e qualidade de vida. Hoje, a modalidade abrange as linguagens plástica, sonora, dramática, corporal e literária por meio de técnicas de pintura, música, modelagem, entre outras.

Além de complementar tratamentos médicos, a arteterapia tem ganhado espaço também nos âmbitos educacional e comunitário. Em João Pessoa (PB), o Centro de Práticas Integrativas e Complementares Equilíbrio do Ser usa a arte para casos psiquiátricos como Síndrome do Pânico e Transtorno de Ansiedade Generalizada. Para tratar esses e outros pacientes com transtornos mentais, os profissionais lançam mão de colagens, desenhos com lápis de cera, pinturas a guache, expressão corporal e construção de mandalas.

Já a musicoterapia lança mão de instrumentos musicais, canto e ruídos para compreender as necessidades físicas, emocionais, sociais e cognitivas de cada indivíduo, estimulando a expressão dos sentimentos por meio dos sons. Embora pareça lúdica, a atividade tem resultados efetivos para a redução do estresse e o alívio de dores agudas ou crônicas, além de ser indicada a pacientes com Alzheimer, doenças cardiopulmonares, dependência química e lesões cerebrais. "A musicoterapia atua nas áreas de prevenção, reabilitação e tratamento, mas é contraindicada por alguns estudiosos nos casos de epilepsia musicogênica", explica a musicoterapeuta Gisele Célia Furusava Ywashima.

Em Campo Grande (MS), a Unidade Básica de Saúde da Família usa a técnica em atividades práticas do Programa de Residência em Enfermagem Obstétrica da Universidade Federal de Mato Grosso do Sul. Além de relaxar e diminuir o constrangimento de mulheres durante os exames, a iniciativa fez crescer a procura por esses procedimentos preventivos, imprescindíveis à saúde feminina.

Segundo Gisele, em três meses já é possível observar melhoras. "O início do processo é feito com uma avaliação composta por testes ativos (tocar e explorar instrumentos) e receptivos (ouvir músicas e elementos sonoros) que indicarão quais aspectos e campos sonoros devem ser explorados", explica. Além de promover o bem-estar, a prática ainda auxilia na integração de crianças com deficiência auditiva.

MUITO ALÉM DAS PUBLICAÇÕES ANTIESTRESSE

Os livros de colorir para adultos viraram febre entre os brasileiros. Há poucos meses, era até difícil encontrar nas livrarias as obras mais conhecidas. Por trás dessa enorme vontade de colorir para "desestressar" está a arteterapia. "Essa febre de colorir atende a uma necessidade que as pessoas sentem de cor para expressar o que está dentro da alma", explica Júlia Bárány, psicanalista, arteterapeuta e pedagoga artística. No entanto, a intenção é de criar material sem preocupação estética, apenas expressando os sentimentos. "Nesses livros, a pessoa apenas colore o que outra criou. O processo criativo é limitado", diz Júlia. Ela explica que, por meio da arte, é possível diagnosticar os pacientes e também tratá-los. "Quando a pessoa realiza um processo artístico, ela não consegue mascarar o que está sentindo. Um terapeuta que sabe olhar para o resultado desse processo consegue identificar quais questões estão levando o paciente ao sofrimento."

CAPÍTULO 1
NATUROPATIA
MÉTODOS

Iridologia

Além de indicar o seu estado de saúde, a análise da íris revela doenças que você pode estar propenso a ter

Se para acreditar que "os olhos são a janela da alma" — definição discutivelmente atribuída ao poeta e escritor norte-americano Edgar Allan Poe —, é preciso contar com certa disposição para a crença no poder sobrenatural (como as próprias histórias de Poe sugerem), o mesmo não acontece com a definição da iridóloga Rosilene Pereira (RJ), para quem "os olhos são a janela para o nosso corpo". Sua afirmação está baseada em uma ciência milenar, que analisa a íris para identificar traumas passados, pré-diagnosticar possíveis problemas de saúde e conhecer o indivíduo integralmente. Trata-se da iridologia.

Segundo esse conhecimento, o olho é uma terminação do nervo óptico e também um prolongamento exterior do sistema nervoso autônomo. Considerando que a íris é formada por fibras nervosas, ela seria capaz de receber informações de todo o sistema nervoso. Na prática, o método analisa pigmentações, estrias, fendas, anéis e alterações na coloração da íris para descobrir problemas físicos e emocionais. Para isso, o iridólogo lança mão de equipamentos como o iridoscópio, instrumento dotado de lentes que permitem a observação da íris em seus mais microscópicos detalhes, mas também é possível avaliar com uma lupa ou capturando a imagem com uma câmera.

Cada íris é única em sua configuração, mas os mesmos tipos de sinais se repetem em homens e mulheres. No caso dos órgãos sexuais (útero e próstata), por exemplo, ambos correspondem à mesma área topográfica do mapa iridológico. De acordo com o tipo de sinal e do setor da íris em que ele se encontra, o especialista será capaz de identificar os pontos fracos e fortes da saúde de cada um: energia vital, predisposição ao envelhecimento, acúmulo de toxinas, fraqueza dos órgãos, vulnerabilidade ao estresse e até aspectos psicoafetivos.

A naturóloga Giane Honorato explica que o iridólogo pode trabalhar com duas modalidades: alemã e *rayid*. "A primeira traz um prognóstico a nível físico. Ela vai mostrar a predisposição de adoecimento, possível intoxicação, entre outras informações relacionadas ao corpo", diz Giane. Já a *rayid* oferece uma análise a nível comportamental e funciona como ferramenta de autoconhecimento.

Independentemente da abordagem, porém, na naturologia o estudo da íris é considerado apenas um método de prognóstico. A partir do resultado dos exames, o paciente será direcionado ao tratamento adequado, seja ele tradicional, alternativo ou psicológico.

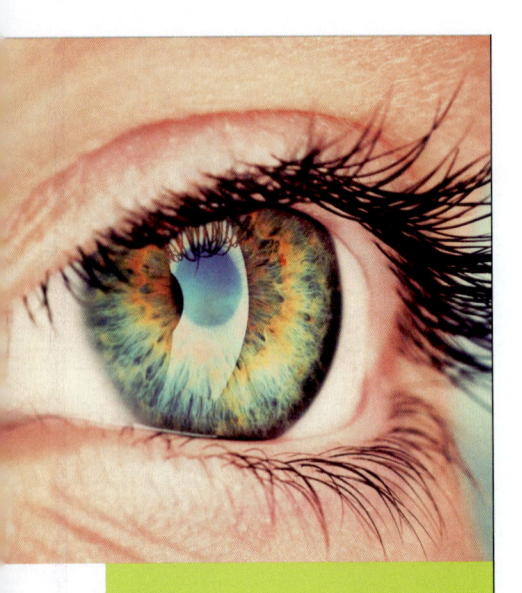

DO ANTIGO EGITO À CORUJA DE PÉCZELY

Milhares de ano antes de Cristo, os chineses, egípcios e tibetanos já relacionavam as alterações e marcas dos olhos com as perturbações ou anomalias dos órgãos. Pouco mais tarde, os filósofos da Antiga Grécia, incluindo o pai da medicina moderna, Hipócrates, registraram essa sabedoria milenar em vários trabalhos escritos. Mas ela só ganhou aplicação clínica no século XIX, quando o médico húngaro Ignatz von Péczely cuidou de uma coruja que havia quebrado acidentalmente uma das patas. Com a fratura, ele notou o surgimento de um sinal na parte colorida do olho da ave, que foi sumindo conforme ela se recuperava. A partir daí, Péczely resolveu observar alterações no organismo de seus pacientes através da íris, idealizando um mapa dos órgãos do corpo humano.

Ayurveda

Seguida por nomes que vão de Buda a Gandhi, essa filosofia compõe um dos sistemas de cura mais antigos do mundo

Estima-se que o conjunto de práticas que compõem o Ayurveda ("Conhecimento da Vida" em sânscrito) remetem há mais de 5 mil anos, o que torna esse sistema de cura da Índia uma das formas completas de medicina mais antigas da história da humanidade. A literatura preservada por monges budistas revela que os fundamentos dessa tradição médica e filosófica teriam partido dos chamados *rishis* — profetas iluminados que viviam nas regiões mais recônditas do Himalaia, no norte indiano.

Hoje, há 400 mil médicos ayurvédicos atendendo na Índia. No país asiático, trata-se de uma medicina com o mesmo status da convencional, com graduação em universidades espalhadas principalmente pelo Sul. Criou-se até a Universidade de Ayurveda Gujarat, a única instituição universitária do gênero no mundo. Uma formação com pós-graduação e doutorado pode levar até 11 anos.

No mundo ocidental, por sua vez, a tradição é reconhecida pela Organização Mundial da Saúde (OMS) como uma terapia. E tem se popularizado a passos largos graças a nomes como Vasant Lad, que fundou o Instituto Ayurvédico nos Estados Unidos em 1984, e o endocrinologista Deepak Chopra, famoso por combinar a alopatia com os conceitos indianos.

Segundo seus praticantes, tudo o que acontece no seu corpo físico e emocional é resultado do que você ingere e da maneira como pensa. Para começar, é feita uma análise do indivíduo por meio de exames físicos e do estudo de seu histórico de vida. A ideia é descobrir qual é o seu *dosha* — um perfil que classifica as pessoas de acordo com a personalidade, o funcionamento do organismo, características e necessidades.

Ao descobrir se o *dosha* predominante é *Vata*, *Pitta* ou *Kapha*, o profissional define o tratamento mais adequado, que pode incluir métodos como sudação, massagens, desintoxicação, aplicação de óleos, plantas medicinais e dietas mais saudáveis, além das práticas de ioga e meditação, para alcançar o equilíbrio do corpo.

Em solo brasileiro, o método vem sendo oferecido pelo Sistema Único de Saúde (SUS) desde o final dos anos 1980, em Goiânia (GO), por meio do Hospital de Medicina Alternativa, pioneiro na utilização de plantas medicinais brasileira segundo os princípios milenares do Ayurveda.

DA ÍNDIA PARA O MUNDO DAS CELEBRIDADES

Além das estrelas de Hollywood que seguem as orientações do endocrinologista indiano Deepak Chopra, como Demi Moore e Michael Douglas, várias celebridades brasileiras têm aderido ao estilo de vida aurvédico, a exemplo das atrizes Grazi Massafera e Juliana Terra. Maitê Proença foi além: passou 15 dias na região do Kerala, na Índia, para aprofundar seus conhecimentos sobre o tema e até cogita abrir uma clínica de Ayurveda no Rio de Janeiro, com cozinheiros e massagistas indianos.

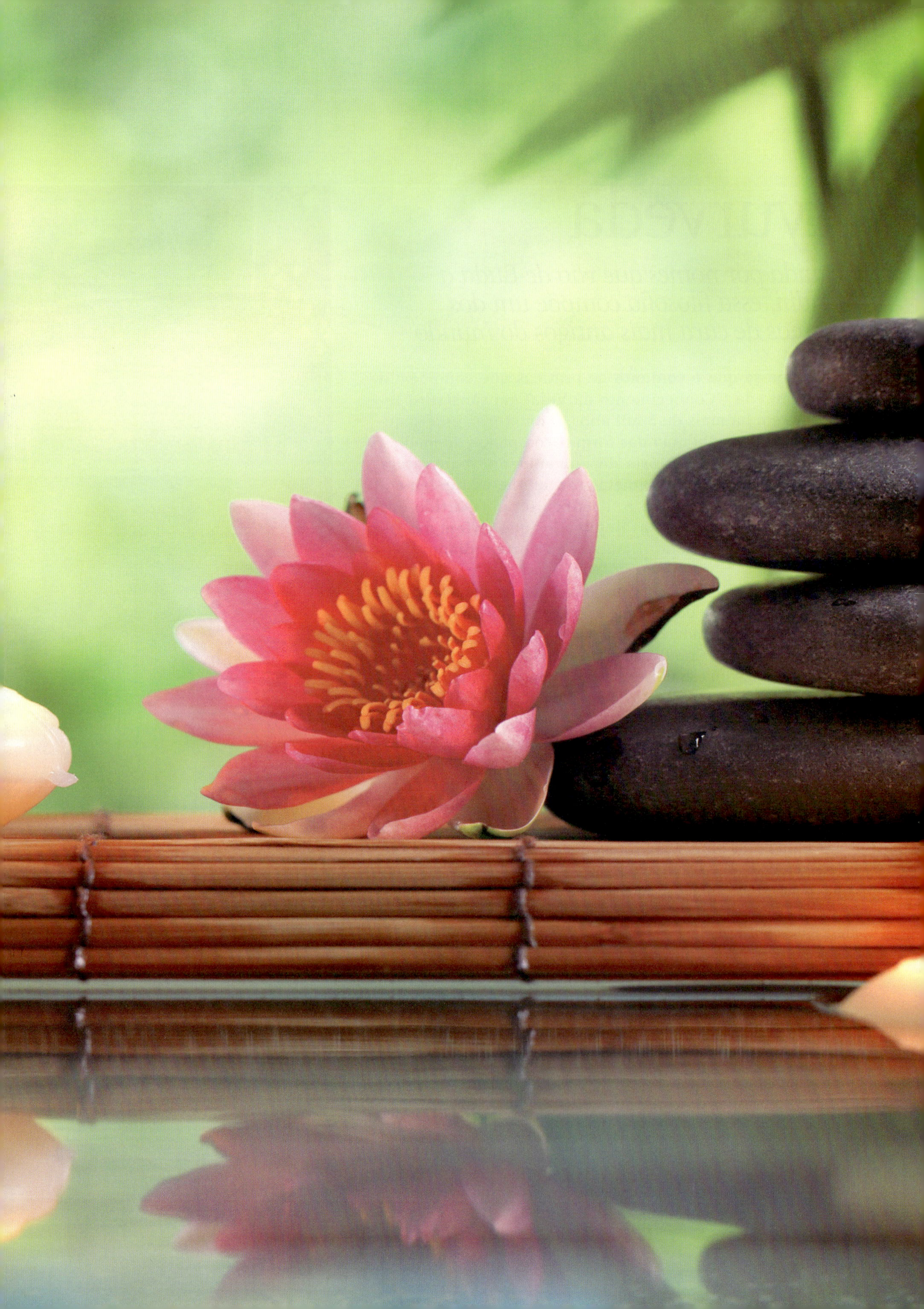

CAPÍTULO 2

TRATAMENTO NATURAL
contra doenças

Pesquisas científicas já comprovaram a eficácia da naturopatia — e seu amplo leque de terapias — como recurso auxiliar no tratamento de diversos problemas de saúde. Confira os principais

CAPÍTULO 2
TRATAMENTO NATURAL CONTRA DOENÇAS

AUXÍLIO NA HORA DA BIÓPSIA

Segundo o radiologista Chiang Jeng Tyng, a acupuntura, quando aplicada antes de uma biópsia, ajuda o paciente a relaxar e sentir menos dor durante o exame. Por isso, o Hospital Santa Catarina, em São Paulo, oferece sessões com agulhas a todos os pacientes que serão submetidos ao exame com suspeita de câncer. Para o especialista, os benefícios também colaboram com a equipe médica. "É difícil, para qualquer um, permanecer tranquilo e quieto em uma situação como essa. O meu trabalho é facilitado quando o examinado está mais relaxado", diz Tyng. A terapia é opcional e oferecida sem custo ao paciente.

VIGOR NA TERCEIRA IDADE

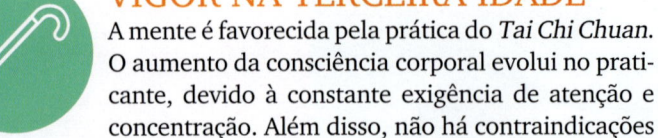

A mente é favorecida pela prática do *Tai Chi Chuan*. O aumento da consciência corporal evolui no praticante, devido à constante exigência de atenção e concentração. Além disso, não há contraindicações de idade, mas qualquer um que quiser se exercitar deve estar liberado para atividades físicas. "Uma série de pesquisas científicas comprova que a prática regular do *Tai Chi Chuan* fortalece os idosos a ponto de prevenir quedas, tão perigosas nessa faixa etária. E os exercícios são todos realizados lentamente, oferecendo ao praticante a possibilidade de reconhecer seus limites e superá-los aos poucos, evitando lesões de qualquer tipo", ressalta a professora Angela Soci, da Sociedade Brasileira de *Tai Chi Chuan*.

ALÍVIO NA LUTA CONTRA O CÂNCER

Um estudo publicado em fevereiro de 2018 no *Springer Healthcare* aponta que a naturopatia pode ajudar no diagnóstico e tratamento de pessoas com câncer. Segundo Daniel Alan Costa, especialista em Bases de Medicina Integrativa do Hospital Israelita Albert Einstein, o naturopata deve atuar em parceria com os médicos oncologistas para dar suporte ao paciente como um todo. "As diferentes modalidades podem reduzir a dor, a ansiedade, as náuseas causadas pela quimioterapia, melhorar a imunidade e o sono, além de promover uma sensação de bem-estar geral." De acordo com o estudo publicado, o The National Cancer Institute estima que o número de sobreviventes de câncer deverá atingir quase 19 milhões até 2024, e esses pacientes têm necessidades únicas devido aos efeitos físicos e emocionais causados pelos diversos tratamentos utilizados para combater a doença. Na pesquisa, mais de 25 mil pacientes foram observados e tratados com métodos da naturopatia, como massagem, acupuntura, reflexologia, reiki, ioga, *Tai Chi Chuan*, entre outros, com resultados positivos em relação ao sono, aos efeitos colaterais da quimioterapia e ao bem-estar.

ALIADOS NO COMBATE ÀS DORES CRÔNICAS

Mais de um terço da população brasileira convive com algum tipo de dor há mais de seis meses. Essa foi a conclusão de um levantamento apresentado neste ano pela Sociedade Brasileira para Estudo da Dor (SBED), que contou com 924 entrevistados. "Dor nas costas e de cabeça são as principais, como em todo o mundo", fala Paulo Renato Fonseca, diretor científico da entidade. O maior problema, nestes casos, é que o uso contínuo de medicamentos analgésicos e anti-inflamatórios pode provocar problemas de estômago, fígado, rins e até gerar dependência. É aí que entra a naturopatia. Além de natural, ela traz a vantagem de englobar vários métodos que podem apresentar um resultado bem mais eficaz se atuarem em conjunto.

Dores em ossos, músculos e nas articulações — como tendinite, bursite do ombro e poliartrite —, por exemplo, podem ser reduzidas associando-se os chamados remédios organoterápicos com o tratamento homeopático convencional. É o que indica um estudo realizado pela médica Isabel Horta e publicado na *Revista de Homeopatia* em 2013.

Outra pesquisa, publicada em 1985 no *Journal of Behavioral Medicine,* mostrou a melhora na dor crônica de 90 pacientes que praticaram dez semanas de meditação *mindfulness*. Uma das hipóteses é que a técnica muda a relação da pessoa com a dor, o que influenciaria os sintomas físicos. Pesquisas de neuroimagem indicam, ainda, que áreas do cérebro responsáveis pela experiência da dor ficam menos ativas quando se pratica *mindfulness* por mais de oito semanas, todos os dias.

Fora isso, pesquisadores da Universidade de Duisberg-Essen, na Alemanha, concluíram que a acupuntura é tão eficaz quanto os remédios para dor de cabeça, funcionando como uma alternativa natural para o uso excessivo de medicamentos. Eles trataram cerca de 900 pacientes, divididos em três grupos, durante seis semanas, e constataram que 40% dos que tomaram remédio e 47% dos que receberam a aplicação de agulhas tiveram seus episódios de enxaqueca reduzidos pela metade. Para tratar o problema, uma a duas sessões semanais, com duração de 30 a 50 minutos, são suficientes. Segundo a médica acupunturista Márcia Lika Yamamura, em um mês o paciente já começa a sentir os resultados.

CALÊNDULA PÓS-RADIOTERAPIA

Além de concluírem que a homeopatia pode atuar como um complemento à terapia convencional contra o câncer, os pesquisadores do Royal London Homeopathic Hospital descobriram que a calêndula (flor popularmente conhecida como malmequer) pode ser uma forte aliada para reduzir a inflamação de pele provocada pela radioterapia contra o câncer de mama. Originária da Europa meridional, a planta da espécie *Calendula officinalis* é facilmente encontrada em jardins e terrenos baldios. Embora tenham uma utilização mais fitoterápica, suas flores cor de laranja também são usadas em fórmulas homeopáticas para tratar problemas de pele, como queimaduras e feridas, entre outras aplicações.

CAPÍTULO 2
TRATAMENTO NATURAL CONTRA DOENÇAS

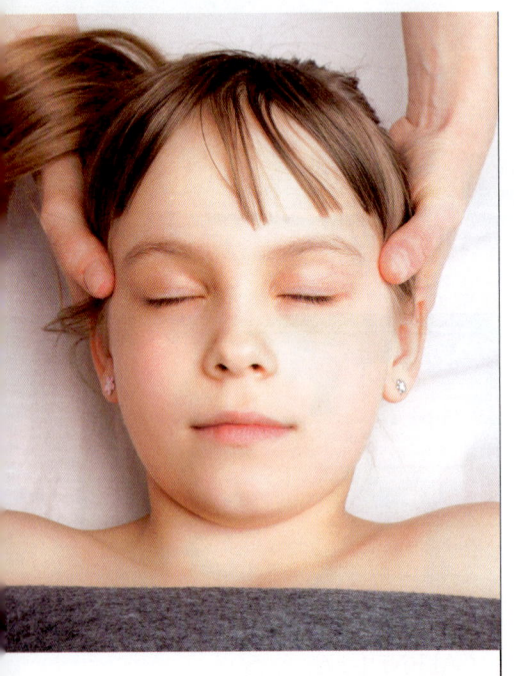

MASSAGEM DOS SONHOS

Um estudo envolvendo a técnica *Tui Na*, publicado por estudantes da Universidade Tuiuti do Paraná, mostrou que a massagem chinesa pode ser uma forte aliada de quem sofre com estresse e problemas para dormir. Durante a pesquisa, os participantes foram submetidos a duas sessões de massagem por semana (de 40 minutos cada), até totalizarem dez consultas. O método massoterapêutico foi aplicado em todo o corpo, com movimentos de deslizamento, fricção, compressão e de rotação das articulações. Ao término da experiência, 60% dos participantes disseram que passaram a dormir melhor.

DEFICIT DE ATENÇÃO COM HIPERATIVIDADE SOB CONTROLE

Só há pouco a psiquiatria ocidental reconheceu a existência do Transtorno de Deficit de Atenção com Hiperatividade (TDAH), uma síndrome caracterizada pela dificuldade de concentração, baixa tolerância à frustração e impulsividade. Mas há milhares de anos tradições como o budismo afirmam que todos sofremos desse distúrbio com mais ou menos intensidade. A boa notícia é que várias terapias praticadas ou sugeridas por naturopatas ajudam a atenuar esse problema.

A homeopatia é uma delas. Segundo um estudo publicado em 1997 pelo *British Homeopathic Journal,* o tratamento com substâncias ultradiluídas melhora a situação de crianças hiperativas. Durante uma semana, especialistas trataram um grupo de pequenos com medicamentos homeopáticos e outro com placebos. Depois de sete dias, os pacientes que ingeriram os remédios naturais apresentaram resultados mais favoráveis, incluindo a diminuição de comportamentos associados ao TDAH.

Outra aliada é a meditação. Segundo pesquisadores do Massachusetts General Hospital (MGH), da Harvard Medical School e do Massachusetts Institute of Technology (MIT), essa prática estimula a habilidade de concentração, assim como a memória. Tais efeitos positivos podem ser resultado de um controle maior das ondas cerebrais, mais especificamente do ritmo alfa. Para eles, meditar afeta positivamente funções cerebrais básicas, e isso independe da idade do praticante.

IMUNIDADE FORTALECIDA

Mais do que tratar sintomas, a naturopatia procura identificar a causa dos desconfortos e prevenir doenças reforçando a imunidade do organismo e a sua capacidade de restabelecer a saúde por si próprio, de maneira natural. Para tanto, deve-se investir em um estilo de vida saudável, com prática de atividades físicas, ingestão regular de água e uma dieta rica em frutas, cereais e verduras frescas. Alguns itens, em especial, têm o poder de aumentar as defesas do corpo. É o caso da quinoa. Um estudo realizado por pesquisadores da Escola Pública de Saúde de Harvard mostrou que uma porção diária do grão reduz em 17% o risco de morte prematura por câncer, doenças cardíacas e diabetes.

Como a naturopatia faz uma abordagem holística, atividades que equilibram a mente e as emoções também são indicadas, como arteterapia, ioga, *Lian Gong* e *mindfulness*. E vários desses benefícios já têm comprovação científica. Estudos realizados na Universidade Wisconsin, nos Estados Unidos, por exemplo, apontam que meditar melhora a ação do sistema imunológico, reforçando as defesas do organismo contra o ataque de vírus e bactérias.

A experiência comparou dois grupos de voluntários — um constituído de pessoas que meditavam e outro que não. Primeiro constatou-se que os meditadores tiveram um aumento na atividade da área cerebral relacionada às emoções positivas. Então, ambos os grupos foram vacinados contra gripe e submetidos a exames quatro semanas e oito semanas depois. O pessoal que meditava apresentou um número bem maior de anticorpos, o que sugere que seus sistemas de defesa estavam mais ativos.

Outra investigação, realizada na Universidade da Califórnia (EUA), constatou que, durante a prática meditativa, a enzima telomerase (ligada ao sistema imunológico) tem sua ação intensificada em cerca de 30%. Entretanto, o responsável pelo estudo, Clifford Saron, alerta que a meditação sozinha não resolve. Seria apenas um dos mecanismos usados pelo corpo para aumentar o bem-estar do indivíduo. E é esse estado que age diretamente sobre a atividade da telomerase nas células do sistema imunológico, retardando o envelhecimento celular.

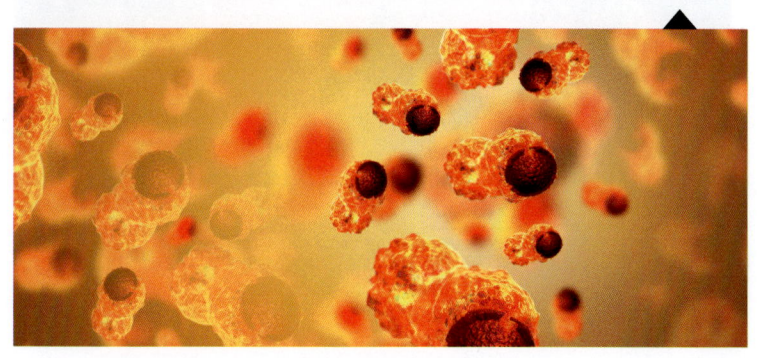

BYE BYE, PNEUZINHOS

Além da alimentação natural e do estilo de vida defendido pela naturopatia, que por si só já ajudam a emagrecer, várias práticas complementares, como florais, aromaterapia, acupuntura, ioga e homeopatia, favorecem o controle da compulsão alimentar e a consequente perda de peso. Até exercícios mentais podem — e devem — entrar no tratamento holístico. Um estudo realizado pela Universidade de Otago, na Nova Zelândia, e divulgado no *American Journal of Health Promotion*, por exemplo, constatou que meditar pode ser mais eficiente na redução das medidas do que fazer dieta. A pesquisa acompanhou por dois anos o progresso de 225 mulheres divididas em três grupos. Aquelas que participaram de programas que incluíam meditação e visualização positiva foram as que tiveram mais sucesso na perda de peso: uma média de 2,5 quilos.

CAPÍTULO 2
TRATAMENTO NATURAL CONTRA DOENÇAS

MÚSICA PARA ESPANTAR OS MALES

Uma recente pesquisa da Universidade da Rainha de Belfast, na Irlanda do Norte, realizada em parceria com o instituto de musicoterapia Northern Ireland Music Therapy Trust comprovou que o contato com experiências musicais diversas ajuda a aliviar os sintomas de doenças como depressão, agorafobia, síndrome do pânico e transtornos de ansiedade em pacientes de todas as idades, principalmente crianças e adolescentes. A análise aconteceu entre 2011 e 2014 e considerou dados de 250 pacientes que estavam recebendo tratamento para desenvolvimento emocional e problemas de comportamento. Eles foram divididos em dois grupos: um foi tratado com a terapia tradicional e o outro com musicoterapia. Os pacientes do segundo grupo mostraram um incremento mais significativo da autoestima e redução dos sintomas depressivos, além de apresentar um maior desenvolvimento das habilidades comunicativas e interativas.

MELHORA NA TIREOIDITE AUTOIMUNE

Um artigo divulgado em 2015 pela *Revista de Homeopatia* mostra que o tratamento natural pode ajudar a amenizar significativamente os transtornos causados pela tireoidite autoimune (também conhecida como Mal de Hashimoto). Essa doença é caracterizada por uma disfunção do sistema imunológico, que passa a produzir anticorpos para destruir a glândula tireoide. A princípio, o ataque pode ser leve, mas causa uma inflamação que, com o passar do tempo, destrói gradualmente a glândula.

O estudo foi publicado por Pedro Bernardo Scala, médico endocrinologista, homeopata, professor da Universidad del Salvador (USAL) e diretor do departamento de homeopatia da faculdade de medicina da Universidad Maimónides, ambas em Buenos Aires, na Argentina. O profissional analisou casos de nove pacientes com diagnóstico de tireoidite autoimune. As participantes, que eram do sexo feminino e tinham de 31 a 56 anos, foram acompanhadas pelo especialista durante períodos bastante variáveis: de 30 dias a 18 anos. Os resultados indicam que, após o tratamento homeopático, os chamados anticorpos antitireoidianos das pacientes diminuíram ou desapareceram. Algumas das mulheres que receberam o tratamento com homeopatia também conseguiram recuperar o equilíbrio funcional da glândula.

A trofoterapia (alimentação natural) pregada pela naturopatia também contribui. De acordo com um estudo recente publicado na *European Review for Medical and Pharmacological Sciences*, o inositol (presente em leguminosas, cereais e frutas) e o selênio (comum em castanhas e sementes) ajudam a restaurar a função normal da tireoide. Mas a naturopata Vera Belchior alerta: "Além de avaliar o estado nutricional do paciente (antioxidantes, vitaminas, ácidos gordos essenciais, vitamina D etc), há outros fatores que devem ser analisados em relação às doenças autoimunes".

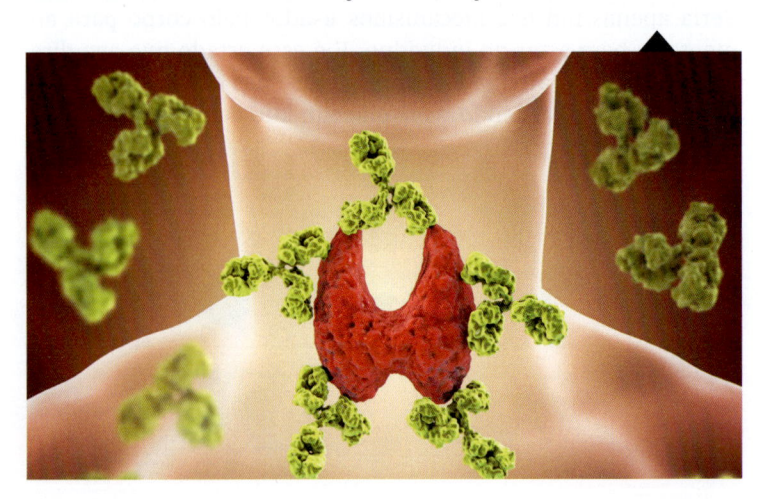

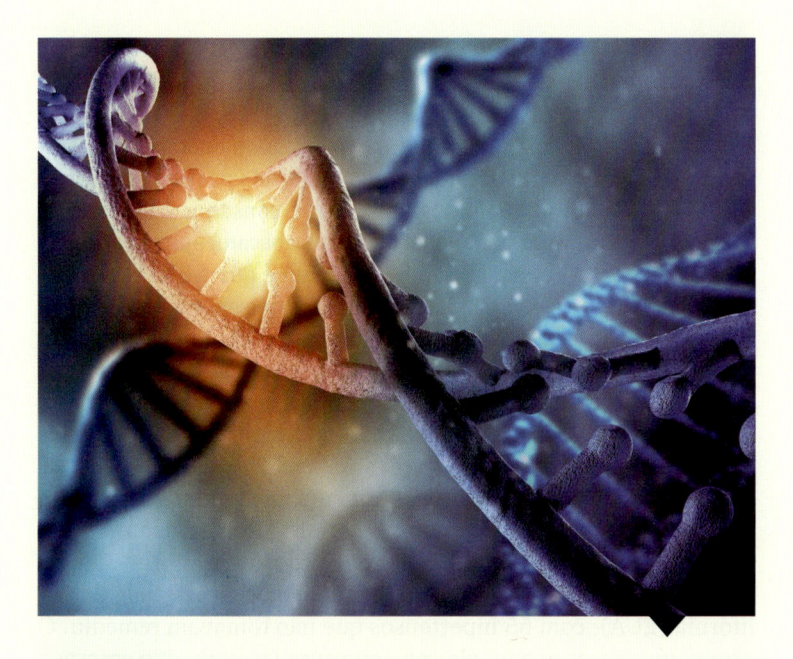

MODIFICAÇÕES POSITIVAS ATÉ NO DNA!

Pode acreditar: além de equilibrar corpo, mente e espírito, o ioga é capaz de alterar o DNA humano de forma positiva. É o que atesta um estudo desenvolvido pela Universidade Harvard (EUA) e divulgado no site *Natural News*. Os pesquisadores mostraram que a técnica milenar tem um impacto benéfico na função metabólica a nível celular, melhorando a absorção de nutrientes e auxiliando na prevenção de doenças crônicas.

Para chegar a esse resultado, eles observaram dois grupos de participantes: o primeiro praticava ioga e meditação *mindfulness,* enquanto o segundo não realizava nenhuma dessas atividades. Após um período de oito semanas, os cientistas coletaram amostras de sangue dos dois grupos e descobriram que aqueles que praticavam ioga apresentavam modificações em mais de 2,2 mil genes — a maioria deles exibindo melhorias em seu funcionamento, embora cerca de 900 destes genes tenham apresentado diminuição de suas atividades. A principal mudança positiva se deu em relação ao chamado estresse oxidativo das células, responsável pelo aparecimento de diversas doenças degenerativas.

Outro estudo similar, realizado na Universidade de Calgary (Canadá) com pessoas que superaram algum tipo de câncer, chegou a conclusão semelhante. Nele, os cientistas analisaram amostras de sangue de pacientes que praticavam ioga semanalmente e de outros que não aderiram à prática. No primeiro grupo, os cromossomos apresentaram um telômero mais longo, o que costuma ser associado a uma maior sobrevida pós-câncer.

ALIMENTAÇÃO VERSUS GENÉTICA

De acordo com um estudo feito na Espanha e publicado em 2017 no *Scientific Reports,* uma má alimentação contribui mais para o aumento do risco de câncer colorretal do que fatores genéticos. Os pesquisadores acompanharam 4.080 voluntários e concluíram que as mudanças no estilo de vida, como a manutenção de um peso saudável e um consumo menor de carne e maior de vegetais, reduzem a chance de se desenvolver um câncer de intestino muito mais do que qualquer predisposição genética apresentada pelo indivíduo. "A cada estudo realizado, confirmam-se os benefícios de uma alimentação à base de vegetais. Por isso, comece ainda hoje a diminuir o consumo de alimentos de origem animal e aumentar o de vegetais", sugere a naturopata Vera Belchior.

CAPÍTULO 2
TRATAMENTO NATURAL CONTRA DOENÇAS

DE BEM COM A PRESSÃO ARTERIAL

Todo mundo sabe que praticar atividade física, combater a obesidade, reduzir o sal nas refeições, evitar produtos industrializados e consumir alimentos ricos em potássio, como banana, beterraba e abacate, ajuda a baixar a pressão arterial. O que nem todos imaginam é que, além desses hábitos, várias terapias oferecidas por especialistas em naturopatia podem contribuir para reduzir a hipertensão arterial sem que o paciente tenha de recorrer a medicamentos de uso contínuo.

Meditar, por exemplo, pode ser uma alternativa. Segundo a American Heart Association, quando nos sentimos relaxados, os vasos sanguíneos se abrem e a pressão arterial cai.

A acupuntura é outra aliada, principalmente em pessoas com mais de 60 anos, pois diminui os riscos de AVC (Acidente Vascular Cerebral) e infarto, aponta um estudo realizado no Centro para Medicina Integrativa Susan Samueli, da Universidade da Califórnia (EUA), com 65 hipertensos que não tomavam remédio. O grupo que se tratou com eletroacupuntura (método que emprega estimulação elétrica de baixa intensidade) em pontos específicos do corpo — no lado interno do pulso e abaixo dos joelhos — apresentou uma queda evidente da pressão em 70% dos casos.

Essa melhora se prolongou por um mês e meio e foi acompanhada por uma queda de 41% na concentração de noradrenalina (neurotransmissor que comprime os vasos sanguíneos), além de um aumento de 67% da renina (enzima, produzida pelos rins, que ajuda a controlar a pressão) e um decréscimo de 22% no nível de aldosterona (hormônio que aumenta a concentração de sódio e reduz a de potássio no sangue). O grupo que recebeu uma simulação de acupuntura em pontos aleatórios do corpo, por sua vez, não registrou nenhuma mudança na pressão.

Estudos mostram que alimentação natural, ioga, meditação e acupuntura reduzem a hipertensão

CORAÇÃO NOS TRINQUES

Segundo a Organização Mundial de Saúde (OMS), doenças cardiovasculares são a principal causa de mortes no mundo, e cerca de um em cada três casos de doença cardíaca coronária é causado por níveis elevados de colesterol. Mas é possível reduzir esses números por meio da naturopatia. Primeiro porque uma alimentação natural, que prioriza o consumo de mais vegetais frescos e menos itens industrializados, frituras ou gordura animal, já dá um empurrão e tanto para a queda dos níveis de colesterol e triglicérides. Segundo porque vários fitoterápicos e práticas comuns na naturopatia são comprovadamente benéficos à saúde do coração.

Pesquisadores da Universidade do Kansas (EUA), por exemplo, descobriram que pessoas com ritmo cardíaco irregular podem ter os episódios de crise reduzidos à metade caso adotem a prática do ioga. Outro estudo, publicado no *Journal of Cardiac Failure*, concluiu que a prática do ioga é bastante benéfica para a qualidade de vida de pacientes com insuficiência cardíaca. De acordo com a pesquisa, pessoas que combinam a técnica corporal do Oriente ao tratamento convencional do problema podem ser mais tolerantes a atividades físicas e ter os níveis de inflamação reduzidos. "O ioga está relacionado ao bem-estar e à tranquilidade. A prática diminui a pressão arterial e o estresse, por isso é recomendada paralelamente ao tratamento convencional", esclarece o cardiologista Daniel Magnoni, do Instituto Dante Pazzanese de Cardiologia.

Já a acupuntura tem efeito bastante positivo em casos de doença coronária. Em 1992, o vice-diretor da Universidade de Medicina Tradicional Chinesa de Hunan, na China, encabeçou um trabalho pioneiro no uso da angiografia coronária para observar os resultados da aplicação de agulhas no ponto C6, que costuma concentrar energia quando ocorrem problemas agudos no coração. O estudo comprovou que o estímulo deste ponto dilata a artéria coronária, ajudando a solucionar problemas de saúde relacionados ao entupimento de vasos e a prevenir vários outros, tais como infarto e angina. Além de melhorar o funcionamento cardíaco de maneira geral, as agulhas influenciaram na frequência, no nível e no tempo de duração das dores.

MAIS ANTIOXIDANTES, MENOS METAIS TÓXICOS

Um dos pilares da naturopatia é a alimentação, que deve priorizar ingredientes orgânicos. Mas até pouco tempo atrás faltavam estudos que comprovassem os benefícios deste consumo para a saúde. Até que, em 2014, um compilado de 343 pesquisas liderado pela Universidade de Newcastle, no Reino Unido, revelou que frutas, verduras e cereais cultivados sem agrotóxicos têm uma concentração 19% a 69% maior de antioxidantes, elemento que vem sendo associado à redução dos riscos de doenças crônicas, como as cardiovasculares e as neurodegenerativas, além de alguns tipos de câncer. Não bastasse isso, os orgânicos têm, em média, 48% menos cádmio, metal pesado que produz efeitos tóxicos, e os vegetais convencionais apresentam quatro vezes mais chances de conter resíduos de pesticidas.

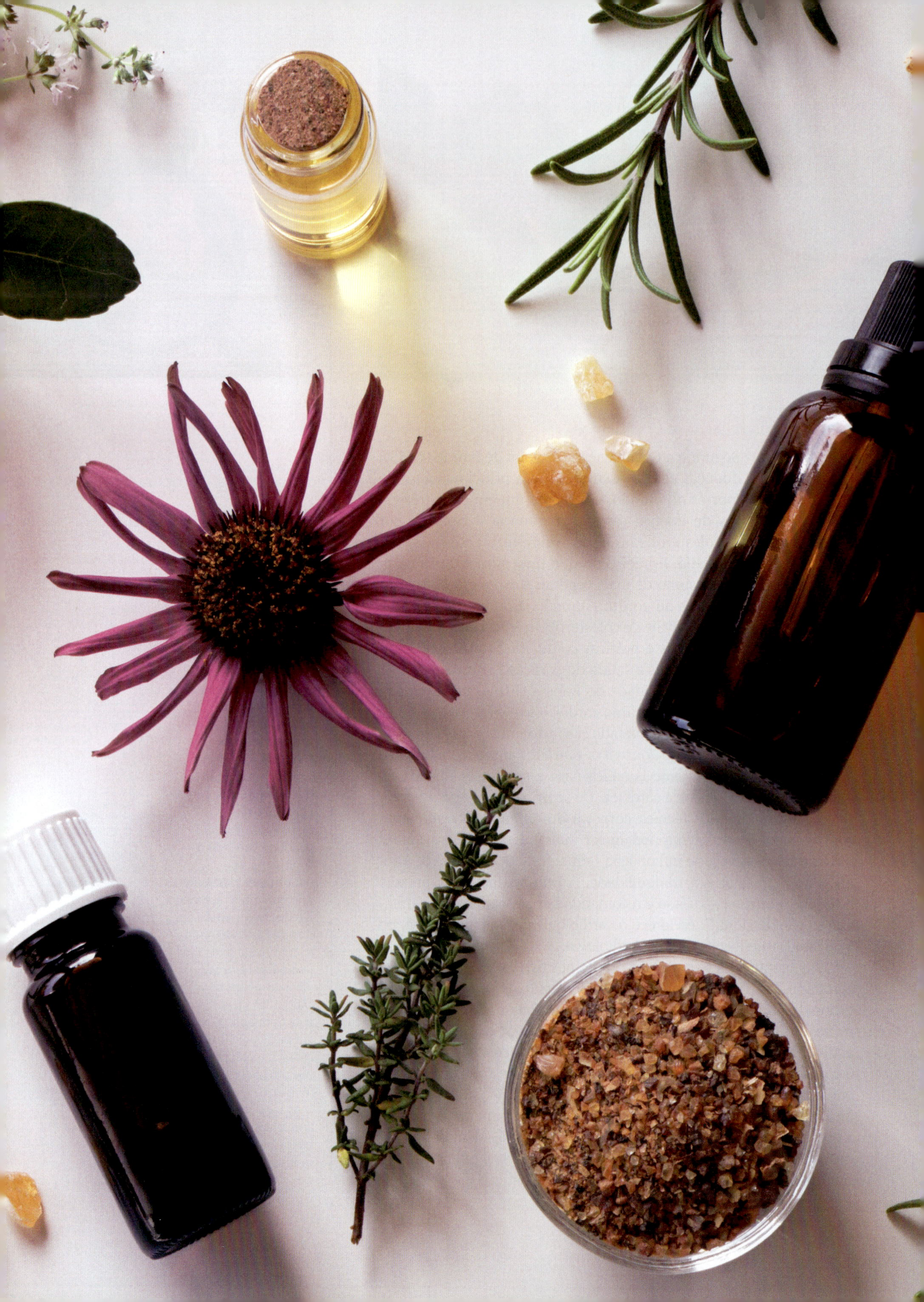

CAPÍTULO 3

CUIDADOS EM CASA PARA CADA *sintoma*

Há 1001 soluções naturais para tratar desconfortos no dia a dia sem ter de recorrer a anti-inflamatórios e analgésicos. Confira algumas práticas que são "tiro e queda" e dê adeus à velha caixinha de emergências

CAPÍTULO 3
CUIDADOS EM CASA
PARA CADA SINTOMA

Dor de garganta sem antibiótico

Elas são incômodas e associadas a infecções. Por isso, é comum as pessoas acreditarem que há necessidade de tomar antibióticos. Mas existem diversas causas para a dor de garganta além da infecção bacteriana, como reações alérgicas, viroses, refluxo e inflamações. Em casa, algumas medidas podem ser tomadas para um rápido alívio.

De acordo com o médico Marco Janaudis, secretário-geral da Sociedade Brasileira de Medicina de Família, Educação Médica e Humanismo, a primeira delas é caprichar na hidratação: "Chás quentes ajudam. Outra medida é o gargarejo morno duas ou três vezes ao dia". O médico Aderson Moreira da Rocha, da Clínica de Ayurveda, sugere infusões de gengibre, hortelã e casca de romã para aliviar os sintomas da amidalite.

Unha-de-gato, canela em pau e capim-limão também têm bom efeito anti-inflamatório e analgésico. Mas é claro que nenhuma dessas dicas funcionará se não for feito um bom descanso vocal, principalmente se houver rouquidão associada. "Remédios para dor podem ser usados, mas resista à tentação de tomar aquele antibiótico que sobrou em casa. Nem sempre é eficaz, e ele ainda pode selecionar bactérias resistentes e causar infecções mais graves no futuro. Em poucos dias, o sintoma desaparecerá", diz Janaudis. Se a dor persistir e for associada a febre ou rouquidão, procure seu médico. Ele irá examiná-lo e indicar a terapia mais apropriada.

CHÁ DE GENGIBRE COM HORTELÃ

INGREDIENTES
- 2 a 3 cm de gengibre fresco, ou 5 col. (sopa) do rizoma macerado
- 1 litro de água
- 1 limão
- 1 ramo de hortelã
- Mel ou açúcar mascavo a gosto

MODO DE PREPARO
1) Após cortar ou macerar o gengibre, espere a água ferver e o adicione.
2) Use o suco de um limão ou corte a fruta ao meio e a coloque, com casca, na panela.
3) Tampe a panela e deixe em fogo baixo por 5 minutos. Durante este período, acrescente mel ou açúcar mascavo a gosto.
4) Desligue o fogo e adicione as folhas da hortelã.
5) Espere a temperatura baixar um pouco, coe e sirva.

Combata os sintomas da rinite alérgica

Caracterizada por desconfortos como coriza, coceira e espirros, a rinite alérgica é a irritação e o inchaço da membrana da mucosa do nariz em resposta a uma reação imunológica do corpo a partículas inaladas.

De acordo com a filosofia ayurvédica, alguns alimentos tendem a aumentar a produção de muco, o que pode agravar as alergias. Por isso, é interessante evitar produtos lácteos, trigo, açúcar, batata, tomate, pimentão, banana e laranja. Já grãos secos, milho e peixes como salmão, truta e bacalhau são boas opções para adicionar ao cardápio. Suco de limão com mel e chá de cardamomo com pimenta e gengibre funcionam de forma eficaz *(veja outras dicas no quadro ao lado)*.

Quanto aos hábitos, vale investir em certos tipos de *pranayama* (exercícios respiratórios do ioga) e, claro, fazer mudanças no ambiente. Desfazer-se de tapetes, carpetes e cortinas, por exemplo, é uma maneira eficaz de acabar com os ácaros. Evitar exposição prolongada ao ar-condicionado e manter a casa livre de pelos de animais também são medidas básicas que ajudam a controlar os sintomas da rinite.

MEDIDAS AYURVÉDICAS QUE ATENUAM ALERGIAS

- Adicione uma fatia de gengibre, pimenta e cardamomo nos chás.
- Misture mel com o suco de meio limão e tome essa mistura de manhã cedo, por algumas semanas.
- Coloque duas colheres de vinagre de maçã e um pouco de mel em um copo de água fervida. Deixe amornar e tome de manhã.
- Tenha uma dieta rica em vitaminas C e B;
- Tome chá de camomila duas vezes por dia.
- Ao deitar, pingue duas a três gotas de óleo de coco nas narinas.
- Consuma chá feito de cânfora, cravinho e manjericão durante cerca de duas semanas.
- Fitoterápicos à base de prímula, urtiga e butterbur também são úteis no tratamento da rinite alérgica.

CAPÍTULO 3
CUIDADOS EM CASA PARA CADA SINTOMA

Dê adeus à dor de estômago com ioga

Há vários movimentos que beneficiam o sistema digestivo. Veja a sequência de exercícios sugerida pela professora Shakti Leal para aliviar problemas gastrointestinais

1

UTTHITA TRIKONASANA

Afaste os pés, eleve os braços na altura dos ombros e, ao soltar o ar, flexione o tronco para a direita. Com os braços estendidos, vire o rosto para a direita. Mantenha a posição por alguns instantes e repita para o outro lado.

2

BADDHA KONASANA

Sente-se em local confortável e mantenha a coluna ereta. Flexione as pernas até que as plantas dos pés toquem uma na outra. O objetivo é fazer com que os calcanhares fiquem cada vez mais próximos à região da virilha. Tente encaixar o quadril melhor para que isso aconteça. Mantenha a posição e segure os pés com as mãos, respirando tranquilamente.

3

UTTHITA MARICHYASANA

Sentado com as pernas esticadas, flexione a perna direita por cima da esquerda. Posicione a mão direita atrás das costas. O braço contrário servirá como uma alavanca, apoiando no joelho flexionado. Inspire. Ao soltar o ar, faça a torção olhando sobre o ombro. Quando precisar inspirar novamente, retorne e repita a posição para a esquerda.

4

JANU SIRSASANA

Sentado, afaste as pernas e leve o calcanhar direito próximo à virilha, com a perna esquerda estendida. Gire o tronco para a esquerda enquanto as mãos seguram a perna. Ao soltar o ar, flexione o tronco, levando a cabeça em direção ao joelho. Eleve o tronco e repita para o outro lado.

Vitalidade após os 60

De acordo com a filosofia ayurvédica, a partir dos 60 anos de idade, a energia Vata começa a influenciar o organismo do ser humano de forma que haja a predominância dos elementos ar e éter. Essas mudanças passam a gerar desequilíbrios que trarão sintomas como insônia, sensação de frio, digestão irregular, prisão de ventre, dores nas articulações, pele seca e falhas na memória.

Todos esses problemas, no entanto, podem ser combatidos com mudanças na rotina em geral. Para evitar o acúmulo de toxinas e rejuvenescer, as recomendações para esta faixa etária incluem uma alimentação rica em frutas e vegetais frescos e orgânicos, grãos integrais e derivados do leite, que proporcionam vitalidade e integridade para corpo e mente. Enlatados, congelados e requentados devem ficar de fora da mesa, pois todos carecem de energia vital. E a ingestão de líquidos merece atenção especial, para diminuir a secura de Vata.

Para a mente, são indicadas sementes, como nozes e amêndoas, e plantas medicinais, como o açafrão, além de massagem, meditação e ioga para controlar o estresse e aumentar a energia. Também vale evitar passar muitas horas diante da TV e treinar o cérebro para ele manter-se saudável por meio de jogos da memória e de cartas, leitura, palavras cruzadas, desenhos, pintura e pensamentos positivos… Coisas simples que estimulam a memória, o raciocínio e a criatividade. Afinal, a terceira idade deve ser tão bem aproveitada quanto qualquer outra fase da vida.

CONTROLE A ANSIEDADE COM RESPIRAÇÃO

Na meditação, o foco primário é a respiração, que pode ser praticada em qualquer momento do dia e até durante outras atividades. A técnica a seguir ajuda a controlar a ansiedade:

1º PASSO
Adote uma posição confortável, sentado ou deitado, e deixe o corpo se estabilizar. Faça uma ou duas respirações profundas para trazer a atenção ao corpo e comece a observar as sensações do momento (contato com chão ou cadeira, temperatura da pele, desconfortos etc).

2º PASSO
Comece a trazer a atenção e a observação para os movimentos do corpo durante a respiração (do tórax e do abdome na inspiração e expiração do ar; ou ainda a sensação do ar entrando e saindo pelas narinas). Siga o fluxo natural da respiração, sem tentar alterá-lo.

3º PASSO
Se alguma distração, pensamento, sensação ou preocupação vier à tona, simplesmente perceba e deixe passar, sem se prender ou julgar, voltando-se para a respiração. Mantenha o foco na respiração como âncora da atenção e da mente no momento presente.

4º PASSO
Antes de encerrar este exercício respiratório, traga novamente a atenção e a observação às sensações em todo o corpo para o momento presente. Termine a prática lenta e gradualmente.

Ilustração: Daniel Gisé / Escala Imagens

CAPÍTULO 3
CUIDADOS EM CASA PARA CADA SINTOMA

AUTOMASSAGEM ANTIENXAQUECA

Caracterizada por uma dor latejante, que dura de quatro a 72 horas, a enxaqueca atinge 15% da população, de acordo com dados da Organização Mundial da Saúde (OMS). Em algumas pessoas, o sintoma é tão forte que causa náuseas, vômito e intolerância a cheiros, luz, barulhos e movimentos bruscos. Para amenizar esses desconfortos de maneira natural, vale investir em atividades físicas como ioga, *Tai Chi Chuan*, caminhada e pilates; aumentar o consumo de água e pimenta (que funciona como um analgésico); fazer uma sessão de microfisioterapia; e apostar em alimentos ricos em magnésio e vitamina B. A naturopata Thais Sampaio (SP) também ensina uma técnica de auriculoterapia, prática que promete aliviar dores de cabeça com um simples pressionar das terminações nervosas da orelha. "Na hora do pico de dor, massagear o lóbulo da orelha é bastante eficaz. Isso porque, segundo os preceitos da Medicina Tradicional Chinesa, o lóbulo representa a região da cabeça", explica Thais.

ACUPRESSÃO PARA UMA BOA NOITE DE SONO

Pressionar o *YinTang*, ponto localizado na região central da testa (acima do nariz e entre as sobrancelhas) é uma boa opção para quem sofre de insônia. O ideal é apertar e massagear a área entre um e cinco minutos, até que o corpo fique mais relaxado. Depois, com o organismo mais tranquilo, fica fácil ter uma boa noite de sono. Para obter um resultado melhor, recomenda-se que a pessoa feche os olhos e concentre-se enquanto estimula o ponto. Ela também pode ficar atenta à respiração para deixar o corpo ainda mais relaxado.

CAMOMILA TAMBÉM ALIVIA AS TENSÕES

Conhecido por oferecer um efeito calmante, o chá de camomila pode ser uma boa opção para combater a cólica menstrual, aliviar a tensão do corpo e melhorar o sono em conjunto com a acupressão. Além de reduzir os desconfortos, a bebida ajuda o sistema imunológico a combater infecções e evita espasmos musculares. Para prepará-la, siga o seguinte passo a passo:

MODO DE PREPARO
1) Esquente 200 ml de água filtrada.
2) Assim que a água começar a ferver e borbulhar, desligue o fogo e acrescente uma colher de camomila.
3) Com uma tampa, abafe o líquido por 10 minutos.
4) Retire a tampa e passe o chá em um coador, separando o líquido da camomila.
5) De preferência, tome o chá sem adoçante ou açúcar. Se não conseguir, acrescente um pouco de mel.

CATAPLASMAS TERAPÊUTICOS

Na geoterapia, dependendo da necessidade, a argila pode ser associada a outros elementos, que deverão potencializar a sua ação. Conheça algumas combinações e formas de usar

IRRITAÇÃO DA PELE, COCEIRAS E ECZEMAS
Bata 2 cenouras no liquidificador com 1 cebola e 4 col. (sopa) de mel para cada litro de água. Dissolva uma porção de argila nessa água, sem coar, e aplique sobre a pele, no local do incômodo.

ESTADOS FEBRIS
Cataplasma frio no abdome, na cabeça e nos pés. Quando esquentar, troque e repita algumas vezes.

PNEUMONIA E TOSSE
Faça um chá forte de orégano (20 gramas para cada litro). Adicione 1 col. (sopa) de sal grosso, 1 col. (sopa) de óleo de eucalipto (ou essência) e 1 col. (sopa) de óleo de linhaça. Misture bem à argila até formar uma pasta homogênea. Em seguida, aplique na região pulmonar e sobre o esterno.

GRIPES, RESFRIADOS, DORES ARTICULARES E REUMATISMO NOS MEMBROS INFERIORES
Argila nos pés, líquida e quente. Eles devem ser submersos no recipiente (não metálico) durante 20 minutos. Evite friagem após a aplicação. Esse tratamento pode ser feito durante duas semanas.

SINUSITE, OTITE, FARINGITE E TUMORES INTRACRANIANOS
Cataplasma de cabeça ou capacete frio. Tem efeito sedante sobre o sistema nervoso. Modo de aplicação: molde um capacete que vá da testa até a nuca, cobrindo as orelhas. Em casos agudos, aplique-o diariamente por 30 minutos durante 30 dias seguidos. Para problemas crônicos, aplique por seis meses, com um intervalo de 15 dias entre uma série e outra. Molhe bem a cabeça antes. Esse cataplasma tem notável resultado no tratamento de tumores intracranianos, tanto benignos quanto malignos.

CAPÍTULO 3
CUIDADOS EM CASA
PARA CADA SINTOMA

PLANTAS MEDICINAIS

FARMÁCIA NO QUINTAL
de casa

É possível cultivar ervas medicinais que ajudam a aliviar sintomas e a tratar problemas como gastrite, rinite alérgica, prisão de ventre e até hipertensão. Saiba o que plantar e como tirar proveito

Quem nunca tomou aquele chá de camomila para dormir melhor ou recomendou cidreira ao amigo que exagerou no almoço de domingo? As receitas da vovó sempre fizeram parte da sabedoria popular, mas só recentemente ganharam o embasamento de pesquisas científicas que comprovam o poder de cura das plantas, transformando a fitoterapia em uma eficiente alternativa aos medicamentos tradicionais, e com a vantagem de apresentar menos efeitos colaterais.

Tanto que a Agência Nacional de Vigilância Sanitária (Anvisa) publicou uma resolução, em 2010, regulamentando a produção de drogas vegetais no Brasil. Essa norma traz uma lista de ervas para as quais foram padronizadas as formas de uso, posologia, ações terapêuticas, possíveis reações adversas e contraindicações. "A fitoterapia vem ganhando cada vez mais adeptos na classe médica porque hoje os medicamentos desse tipo são produzidos com muito mais rigor e com extratos padronizados", garante o farmacêutico e biólogo José Armando Jr., professor na Faculdade de Medicina do ABC (SP).

E o melhor da história é que, para diminuir as idas à farmácia e aumentar a frequência ao jardim, é perfeitamente possível criar o próprio canteiro de ervas medicinais. "A escolha das plantas que serão cultivadas em casa deve ser baseada nos sintomas mais recorrentes de cada pessoa. Acredito que seja interessante ter uma variedade de ervas como alecrim, manjericão e orégano, além de plantas para preparar chás", explica a nutricionista Nayara Dantas Massunaga, do departamento científico da VP Consultoria Nutricional (SP).

O único cuidado deve ser o de comprar as mudas em um local onde você tenha garantia da procedência. "Muitas ervas de espécies diferentes recebem um mesmo nome popular, como acontece com o boldo, a erva-cidreira e o capim-limão. O problema é que cada planta tem uma indicação e algumas podem até ser tóxicas", alerta Dulcinéia Furtado Teixeira, tecnologista de Saúde Pública do Departamento de Produtos Naturais da Farmanguinhos/Fiocruz (RJ). Se não houver espaço para uma horta no quintal de casa nem para uns vasinhos na sacada do apartamento, também dá para encontrar no mercado uma infinidade de opções naturais em suas formas fresca ou seca.

Outra orientação importante é conversar com o médico antes de fazer uso de qualquer erva, mesmo em forma de chá. "Pacientes que sofrem de diabetes, insuficiência renal ou hipertensão, por exemplo, devem informar seu médico antes de usar um fitoterápico, uma vez que ele também pode interagir com as drogas sintéticas", complementa a médica e nutróloga Fátima Christina Cardoso, membro do grupo de estudos em Fitoterapia e Medicina Ortomolecular do Conselho Regional de Medicina do Rio de Janeiro. Se usadas de forma correta, no entanto, as plantas medicinais podem ajudar a tratar os mais variados problemas de saúde. Saiba qual é a erva que melhor atende às suas necessidades e comece a preparar o seu canteiro!

COMBATA AS PRAGAS DE MANEIRA NATURAL

Se perceber que as plantas estão sendo invadidas, esqueça os venenos! Há dicas naturais que são bem eficazes. Confira algumas:

- O neem é um repelente natural que combate mais de 400 pragas. Já vem na embalagem para ser borrifado diariamente, é biodegradável e apropriado para uso em agricultura orgânica.

- Contra as formigas, misture 10 g de sabão de coco em pó, 5 cm de fumo de corda picado e 1 litro de água. Deixe repousar por um dia, coe para retirar os restos de fumo e pulverize as plantas.

- O alho é outro poderoso repelente natural, e você pode usá-lo para fazer um inseticida: bata no liquidificador uma cabeça de alho com alguns cravos-da-índia e dois copos de água. Deixe esse composto descansar por um dia e depois o misture com 3 litros de água. Use esse líquido para pulverizar as folhas das plantas.

CAPÍTULO 3
CUIDADOS EM CASA PARA CADA SINTOMA

PLANTAS MEDICINAIS

AZIA

Nome: Erva-cidreira-brasileira, falsa-melissa ou falsa-cidreira (*Lippia alba*)
Parte utilizada: folhas
Indicação: alivia a sensação de queimação que é típica da azia, pois confere proteção extra à mucosa do estômago. Seus mecanismos de ação são desconhecidos.
Modo de preparo: coloque ½ col. (chá) de folhas de erva-cidreira fresca em 1 xíc. (chá) de água fervente. Abafe por 5 a 10 minutos e coe.
Posologia: tome uma xícara do chá duas vezes ao dia.
Contraindicação: pessoas com pressão baixa devem evitar o uso da falsa-cidreira.

GASTRITE

Nome: Espinheira-santa (*Maytenus ilicifolia*)
Parte utilizada: folhas
Indicação: estudos realizados na Universidade Federal de São Paulo (Unifesp) demonstraram que a espinheira-santa é capaz de incrementar a barreira da mucosa do estômago, graças a uma substância chamada friedenelol. A planta também é rica em flavonoides, o que justifca seu uso como anti-inflamatório e preventivo para a formação de úlceras. Esses flavonoides inibem a ação de determinadas enzimas, reduzindo a produção de ácidos e óxido nítrico no estômago.
Modo de preparo: coloque ½ col. (chá) das folhas de espinheira em 1 xíc. (chá) de água fervente. Abafe por 5 a 10 minutos e coe.
Posologia: tome uma xícara do chá três vezes ao dia.
Contraindicação: não deve ser usada por crianças com menos de 10 anos, gestantes e lactentes.

REFLUXO

Nome: Gengibre (*Zingiber officinale*)
Parte utilizada: rizoma
Indicação: rico em compostos fenólicos, como os gingeróis e osshogaois, age diretamente no trato digestivo, normalizando as contrações que causam o sintoma. Também alivia náuseas.
Modo de preparo: cozinhe por 10 minutos 1 col. (chá) de gengibre em 1 xíc. (chá) de água. Abafe e coe.
Posologia: tome uma xícara de chá três vezes ao dia.
Contraindicação: quem sofre de pressão alta deve evitar o gengibre. Durante a gravidez, o ideal é tomar, no máximo, uma xícara do chá de gengibre por dia.

DIABETES
Nome: Pata-de-vaca *(Bauhinia forficata)*
Parte utilizada: folhas
Indicação: tem efeitos semelhantes à insulina, sem favorecer a hipoglicemia, graças aos flavonoides e aos polissacarídeos, que estimulam o consumo de glicose periférica e inibem a reabsorção de glicose pelos rins.
Modo de preparo: coloque ½ col. (chá) de folhas em 1 xíc. (chá) com água fervente. Abafe por 5 a 10 minutos e coe.
Posologia: tome uma xícara do chá duas vezes ao dia.
Contraindicação: gestantes devem evitá-la.

COLESTEROL
Nome: Açafrão-da-terra *(Curcuma longa)*
Parte utilizada: raiz
Indicação: o complexo fitoquímico da planta lhe confere atividade antioxidante e anti-inflamatória. Estudos indicam que ele age sobre o metabolismo lipídico, reduzindo o colesterol ruim e os triglicerídeos e favorecendo o aumento do HDL.
Modo de preparo: coloque ½ col. (chá) da raiz triturada em 1 xíc. (chá) de água e ferva por 5 minutos. Abafe por 5 a 10 minutos e coe.
Posologia: tome 1 xícara do chá duas vezes ao dia.
Contraindicação: o uso não é recomendado a quem sofre de cálculos ou obstrução biliar. Mulheres devem evitá-lo durante a gravidez e a lactação.

HIPERTENSÃO
Nome: Colônia *(Alpinia speciosa)*
Parte utilizada: folhas
Indicação: seu óleo essencial age diretamente sobre o músculo liso vascular, diminuindo a pressão nos vasos, o que justifica sua ação hipotensora. A erva tem efeito diurético, anti-inflamatório, analgésico e sedativo.
Modo de preparo: coloque ½ col. (chá) de folhas em 2 xíc. (chá) com água fervente. Abafe por 5 a 10 minutos e coe.
Posologia: tome uma xícara do chá pelo menos três vezes ao dia.
Contraindicação: até agora não foram encontradas evidências científicas que apontem algum risco no consumo da Colônia.

FEBRE
Nome: Cebolinha *(Allium fistulosum)*
Parte utilizada: bulbo fresco
Indicação: contém compostos antioxidantes (flavonoides e saponinas), substâncias sulfuradas (como a alicina), vitaminas e sais minerais. Tem ação antimicrobiana, diurética e antitérmica, pois aumenta a sudorese.
Modo de preparo: coloque 1 col. (sopa) de cebolinha picada em 1 xíc. (chá) de água e ferva por 5 minutos. Deixe esfriar e coe.
Posologia: tome uma xícara do chá três vezes ao dia.
Contraindicação: não há.

CAPÍTULO 3
CUIDADOS EM CASA PARA CADA SINTOMA

PLANTAS MEDICINAIS

GRIPES E RESFRIADOS
Nome: Alho *(Allium sativum)*
Parte utilizada: bulbo fresco
Indicação: é um poderoso antimicrobiano. Atua como medicamento natural para aliviar os sintomas de gripes e resfriados, acelerando a recuperação do organismo e restabelecendo a disposição.
Modo de preparo: coloque 1 col. (sopa) de alho picado em 1 xíc. (chá) de água e ferva por 5 minutos. Deixe esfriar e coe.
Posologia: tome uma xícara do chá três vezes ao dia.
Contraindicação: Não é indicado a quem sofre de gastrite, úlcera e a lactentes, pois altera o sabor do leite e pode dar cólicas no bebê.

TOSSE E ROUQUIDÃO
Nome: Poejo *(Mentha pulegium)*
Parte utilizada: folhas
Indicação: o óleo essencial da planta fluidifica as secreções do aparelho respiratório, facilitando a expectoração. Também é rico em taninos e flavonoides, que atuam como antissépticos e antimicrobianos.
Modo de preparo: coloque 1 col. (sopa) de folhas picadas em 1 xíc. (chá) de água fervente. Abafe e coe.
Posologia: tome uma xícara do chá de duas a três vezes ao dia.
Contraindicação: grávidas, lactentes ou crianças com menos de 2 anos. Não use por tempo prolongado.

PRISÃO DE VENTRE
Nome: Sene *(Cassia occidentalis)*
Parte utilizada: folhas
Indicação: possui glicosídeos hidroxiantracênicos, que aumentam os fluidos líquidos no intestino, regulando o seu funcionamento.
Modo de preparo: coloque 1 col. (café) de folhas de sene em 1 xíc. (chá) de água fervente. Esfrie e coe.
Posologia: tome uma xícara à noite.
Contraindicação: não é indicado a lactentes, mulheres em período menstrual e nem a portadores de doenças intestinais inflamatórias. O uso contínuo, por mais de uma semana, também deve ser evitado.

DIARREIA
Nome: Capim-Limão *(Cymbopogon citratus)*
Parte utilizada: folhas
Indicação: graças ao citral, é um antiespasmódico, o que significa que ele diminui as contrações do intestino, aliviando a diarreia e melhorando as cólicas e dores abdominais.
Modo de preparo: coloque 4 xíc. (café) de folhas picadas em 1 litro de água fervente. Deixe descansar por 10 minutos e coe.
Posologia: tome 3 col. (sopa) após cada evacuação.
Contraindicação: não há.

GASES

Nome: Alecrim *(Rosmarinus officinalis)*
Parte utilizada: folhas
Indicação: facilita o processo digestivo, o que previne o acúmulo de gases. Auxilia na eliminação das gorduras.
Modo de preparo: coloque ½ col. (chá) de folhas de alecrim em 1 xíc. (chá) com água fervente. Abafe por 5 a 10 minutos e coe.
Posologia: tome uma xícara do chá duas vezes ao dia.
Contraindicação: não é recomendado para pessoas diabéticas, com doenças de próstata e gastrenterites.

ALERGIA NA PELE (DERMATITE)

Nome: Bardana *(Arctium lappa)*
Parte utilizada: raiz
Indicação: a planta funciona como antisséptica e anti-inflamatória tópica. Além disso, ajuda a desintoxicar o organismo.
Modo de preparo: cozinhe por 10 minutos ½ col. (chá) de raiz de bardana triturada em 1 xíc. (chá) de água. Abafe por 10 minutos e coe.
Posologia: aplique no local da lesão alérgica, de três a quatro vezes ao dia.
Contraindicação: pode provocar dermatite de contato em pessoas sensíveis. Por isso, o ideal é aplicar algumas gotinhas sobre a pele, onde não há lesão, e observar se ocorre ou não reação.

ASMA

Nome: Guaco *(Mikania glomerata)*
Parte utilizada: folhas
Indicação: trata asma alérgica. Age como broncodilatador graças às cumarinas, que fazem parte de sua composição. Também tem atividade expectorante, anti-inflamatória e antimicrobiana.
Modo de preparo: coloque 4 a 6 folhas de guaco em 1 xíc. (chá) de água fervente. Abafe por 5 a 10 minutos e coe.
Posologia: tome uma xícara do chá duas a três vezes ao dia.
Contraindicação: o chá não deve ser consumido por quem sofre de doenças crônicas do fígado, pressão alta ou faz tratamento com anticoagulantes.

RINITE ALÉRGICA

Nome: Alcaçuz *(Glycyrrhiza glabra)*
Parte utilizada: raiz
Indicação: combate a rinite graças aos polissacarídeos e saponinas, conhecidos por aumentar a atividade das células do sistema imunológico. Essas substâncias também lhe conferem um potencial anti-inflamatório.
Modo de preparo: cozinhe por 5 minutos ½ col. (chá) de raiz de alcaçuz triturada em 1 xíc. (chá) de água. Abafe e coe.
Posologia: tome uma xícara três vezes ao dia, após as refeições.
Contraindicação: pessoas com diabetes, insuficiência renal, cirrose e baixa de potássio no sangue. Grávidas e lactentes também devem evitá-lo.

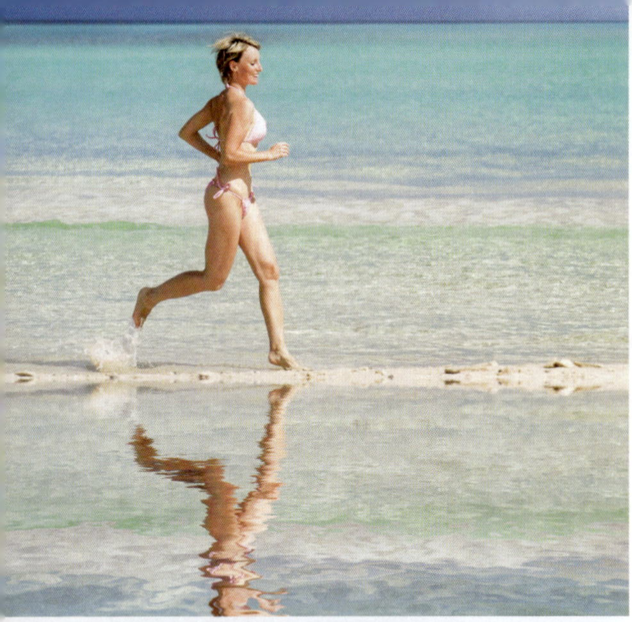
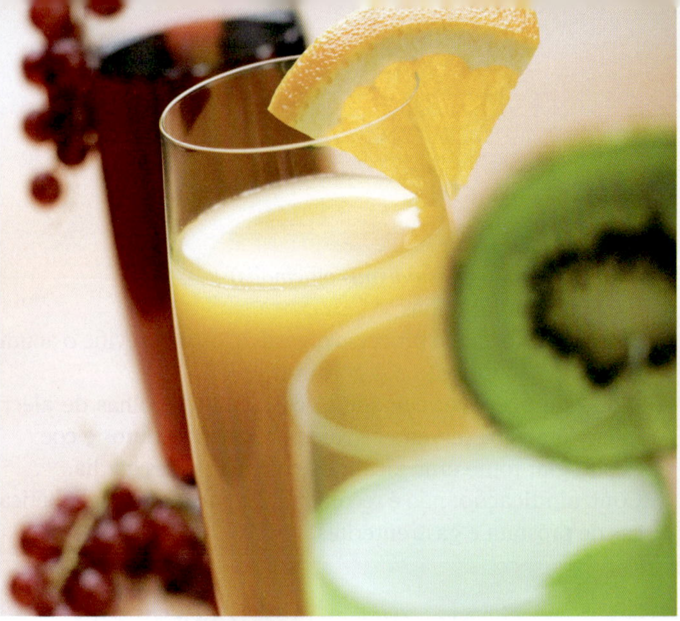
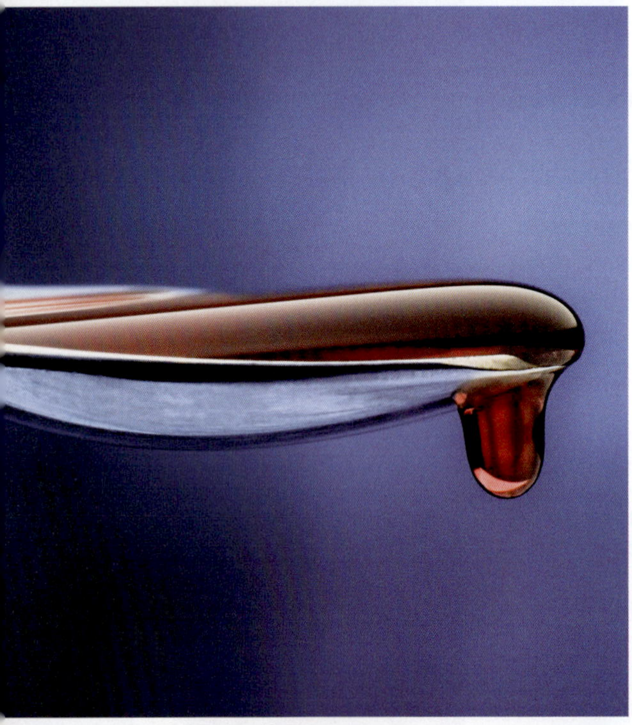
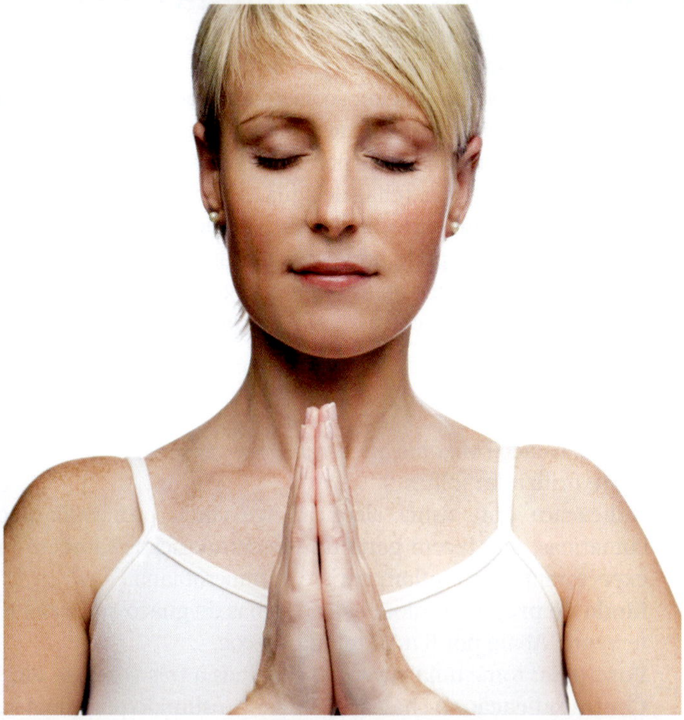
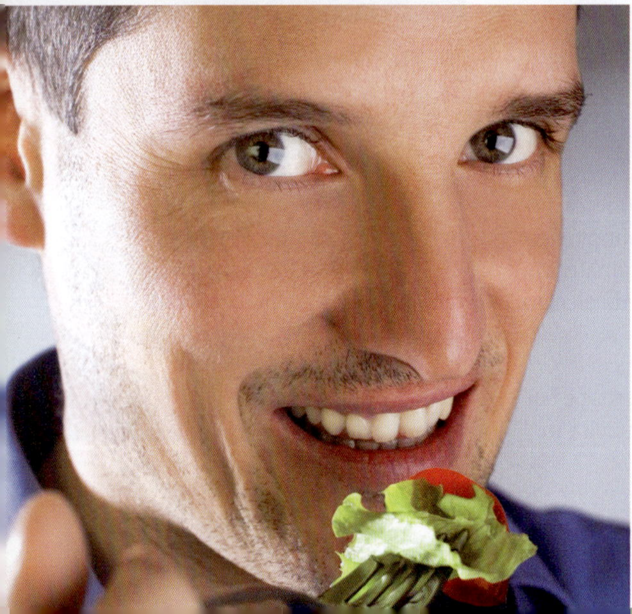
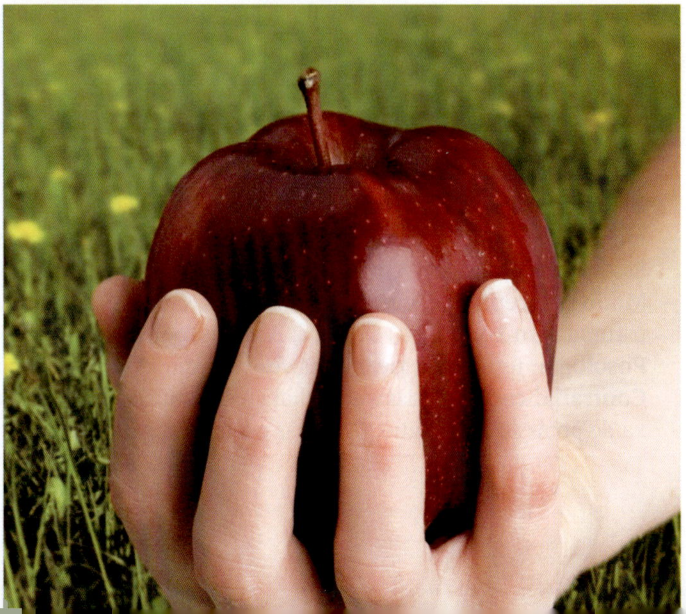

CAPÍTULO 4

PRATIQUE NO SEU *dia a dia*

Torne o seu estilo de vida muito mais saudável preparando receitas culinárias e até cosméticos em casa, de maneira prática e totalmente natural

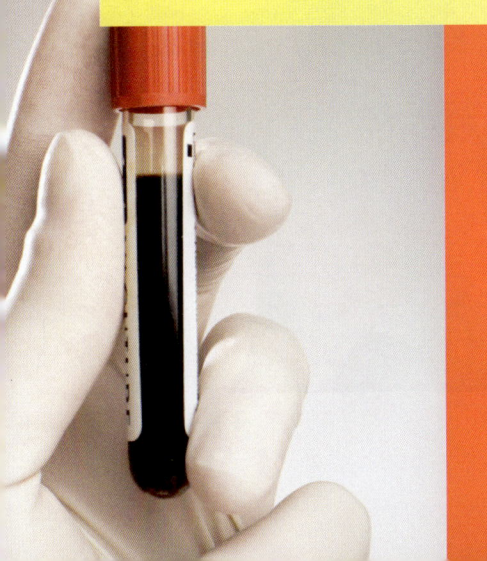

CAPÍTULO 4
PRATIQUE NO SEU DIA A DIA
SLOW BEAUTY

Beleza que se sustenta

Você sabia que a maioria dos cosméticos leva na composição substâncias tóxicas ao meio ambiente e até para o homem? Mas é possível cuidar da pele, dos cabelos e das unhas sem agredir a natureza nem a própria saúde. Trata-se do *slow beauty*, movimento criado nos Estados Unidos que preza por opções de consumo mais saudáveis — tanto na alimentação e no vestuário quanto no mundo da beleza, com a utilização de cosméticos orgânicos e fórmulas naturais. A ideia é tirar o pé do acelerador para viver de uma forma mais consciente, sustentável e ecológica, tendo sempre em mente que "menos é mais".

A CEO da Sublime Rituais, Isadora Caporalli, explica que o movimento é muito similar ao conceito de *slow food*. "Costumo dizer que são três pilares: você sabe de onde vem o produto e o alimento; você dá preferência a cosméticos orgânicos e a toda razão sustentável deles; e sabe que menos é mais."

Nesse sentido, o propósito vai muito além de um produto de beleza. Entrar nesse mundo é abrir a cabeça para questões mais abrangentes, como sustentabilidade, ecologia e tudo que está por trás da produção de cada item utilizado. Segundo a dermatologista Carolina Presotto, da clínica Medicina da Consciência, para abraçar de vez esse estilo de vida, é fundamental entender que a beleza vem de dentro, pois está justamente naquilo que somos. Além disso, não se deve aplicar na pele substâncias que você não teria coragem de inge-

> **Não se deve aplicar na pele substâncias químicas que você jamais teria coragem de ingerir**

60 NATUROPATIA

rir. Ou seja, mesmo por fora, é preciso escolher produtos com nutrientes que não prejudiquem o seu organismo como um todo. E, por fim, praticar o consumo consciente, priorizando escolhas que não agridam os animais nem o meio ambiente.

Para compreender melhor esses princípios que prezam pelo natural, vale lembrar como mães, pais e avós remetem ao passado. Antigamente, com menos opções industrializadas, as alternativas eram mais sustentáveis e produzidas com matérias-primas orgânicas.

MAIS CONSCIÊNCIA, MENOS TOXINAS

Vale destacar que o movimento não se caracteriza por ser algo radical ou feito com desleixo. Quem opta por esse estilo de vida passa por uma transformação lenta e muito mais simples do que parece. "Sou bem *natureba*, mas ainda passo pela transição. No meu *nécessaire*, ainda há maquiagens da grande indústria, porque a ideia é ir adaptando mesmo. O importante é abrir um olhar novamente para os elementos que a natureza nos dá em abundância", acrescenta Marcela Rodrigues, fundadora do site *A Naturalíssima*.

Além de contribuir com a natureza, os orgânicos apresentam algumas vantagens frente aos cosméticos convencionais. Os hidratantes, por exemplo, tendem a apresentar qualidade superior, pois geralmente substituem o óleo mineral, que não penetra na pele, por óleos essenciais, que são mais eficientes, estimulando a cicatrização e a produção celular de colágeno e elastina. Sem falar que a ausência de elementos tóxicos ajuda a evitar alergias e outros problemas de saúde.

Em contrapartida, os itens ecológicos para cabelos podem causar certa frustração, pois os xampus não fazem tanta espuma e a ausência de silicone nos condicionadores não garante um penteado tão macio. Neste caso, o ideal é recorrer a receitas caseiras com abacate e cenoura, que se encarregam de dar toque sedoso e brilho extra às madeixas. Veja nas próximas páginas como preparar seus cosméticos em casa e fique naturalmente bela.

ATENÇÃO AOS RÓTULOS

Qualquer pessoa que começa a aderir ao slow beauty *deve saber que ler os rótulo é importante. "Mas isso não significa que você vai precisar desvendar todas as palavras, e sim entender os logos das certificadoras e ter consciência das escolhas", explica Marcela. Produtos orgânicos ou bio, por exemplo, devem ter o selo do IBD (Instituto Biodinâmico) ou da francesa Ecocert, que segue as mesmas diretrizes de outras seis certificadoras da Europa. Confira abaixo as diferenças de cada nomenclatura:*

ORGÂNICO
Deve ter 95% de ingredientes vegetais oriundos de produção orgânica, sendo que pelo menos 10% desses itens devem ser certificadamente orgânicos, ou seja, monitorados desde o cultivo, a fim de garantir que não tiveram contado com nenhum tipo de agrotóxico.

NATURAL
Deve conter 50% de ingredientes de origem vegetal, mas apenas 5% deles precisam ser certificadamente orgânicos.

VEGANO
Não pode conter nenhum ingrediente de origem animal (quer seja uma parte constitutiva do bicho ou algo naturalmente produzido por ele, como o mel), nem ter sido testado em animais. Como não existe certificação específica, o ideal é pesquisar as informações do fabricante.

CAPÍTULO 4
PRATIQUE NO
SEU DIA A DIA

SLOW BEAUTY

HIDRATANTE CORPORAL

INGREDIENTES
- 100 g de manteiga de karité
- 50 g de óleo de coco
- 200 g de manteiga de cacau
- 50 ml de óleo de amêndoas (também pode usar óleo de semente de uva ou de linhaça)

PREPARO E APLICAÇÃO
1) Junte todas as manteigas e óleos em um recipiente de vidro e derreta tudo em banho-maria até virar uma mistura homogênea.
2) Coloque na geladeira até ficar firme.
3) Bata a mistura com uma batedeira até que a textura fique semelhante à de um chantilly.
4) Espalhe a mistura no corpo e deixe a pele absorver.

- Esse hidratante tem validade de seis meses.

Loção de crescimento capilar

INGREDIENTES
- 2 col. (sopa) do gel extraído da folha fresca da babosa
- 1 col. (sopa) de óleo de rícino

PREPARO E APLICAÇÃO
1) Misture o gel e o óleo de rícino.
2) Massageie suavemente a mistura em seu couro cabeludo.
3) Deixe agir durante a noite.
4) De manhã, lave o cabelo com um xampu suave ou sem sal.

- *Dica:* Repita a aplicação duas a três vezes por semana, com intervalo de, pelo menos, dois dias. Além de fazer crescer, a babosa hidrata os fios.

Máscara para pele seca

PREPARO E APLICAÇÃO
1) Deixe a aveia de molho na água filtrada de um dia para outro e depois a esprema com um tecido.
2) Misture, então, o leite da aveia com o mel e a cúrcuma, até ficar com coloração amarela e consistência uniforme. Se preferir, utilize um *mixer*.
3) Aplique uma camada grossa em todo o rosto e deixe agir por 20 minutos.
4) Retire o excesso com uma toalha de papel ou um pano que possa ser manchado e lave o rosto com água em abundância.

- *Dica:* Faça uma porção pequena, para utilizar uma ou duas vezes. E atenção: a cúrcuma pode manchar roupas e tecidos.

INGREDIENTES
- 1 col. (chá) se cúrcuma em pó orgânica
- 2 col. (sopa) de mel
- 2 col. (sopa) de leite de aveia

Pasta para olheiras

INGREDIENTES
- ½ pepino
- ½ batata

PREPARO E APLICAÇÃO
1) Bata os dois ingredientes no liquidificador até formar uma pasta cremosa.
2) Aplique a mistura nas olheiras e deixe agir por 10 minutos.
3) Lave em seguida.

- *O pepino e a batata colaboram com a diminuição do diâmetro dos vasos sanguíneos, melhorando a aparência das olheiras.*

Desodorante

INGREDIENTES
- 1 col. (sopa) de bicarbonato de sódio
- 1 col. (chá) de amido de milho (maisena)
- 5 col. (sopa) de óleo vegetal de coco ou uva
- 5 gotas de óleo essencial de sálvia ou bergamota
- 5 gotas de óleo de tea tree

PREPARO E APLICAÇÃO
1) Misture os ingredientes, tampe e guarde na geladeira.
2) Passe nas axilas.

- *O bicarbonato neutraliza odores. Os óleos de bergamota e sálvia são antitranspirantes e o tea tree é antibacteriano. Validade de seis meses.*

Máscara antioxidante

INGREDIENTES
- 3 pedaços de abóbora cozida
- 1 fio de mel (ou melaço)

PREPARO E APLICAÇÃO
1) Cozinhe a abóbora até ficar macia. Amasse-a com um garfo e coloque um pouco de mel ou melaço.
2) Depois que a massa estiver macia, aplique na pele limpa e deixe agir no rosto por 15 minutos.

- *Cozinhe a abóbora apenas para fazer a máscara, pois ela perde suas propriedades se for armazenada.*

PÓS-BARBA NATURAL

INGREDIENTES
- 1 col. (sopa) de óleo de copaíba (pode ser substituído por óleo de amêndoa puro)
- 2 gotas de óleo essencial de lavanda
- 1 col. (chá) de polpa de aloe vera (babosa), caso tenha a planta em casa (opcional)

PREPARO E APLICAÇÃO
1) Misture bem todos os ingredientes e coloque em um pote de vidro.
2) Reserve na geladeira.
3) Aplique após fazer a barba.

- *A validade da loção é de uma semana. Dica: para quem tem pele sensível, antes de passar a loção, vale fazer uma compressa de chá de camomila gelado e deixar agir por 10 minutos.*

CAPÍTULO 4
PRATIQUE NO
SEU DIA A DIA

NUTRIÇÃO

ALIMENTAÇÃO
inteligente

Para desintoxicar o organismo e aumentar a vitalidade, o cardápio deve priorizar ingredientes orgânicos, crus e que favoreçam a flora intestinal

A naturopatia prega uma dieta preponderantemente natural, que tenha o poder de desintoxicar o organismo, favorecendo o bem-estar físico e psicológico. Para tanto, deve-se dar prioridade a ingredientes orgânicos e crus. "O segredo é manter a simplicidade dos alimentos, com a incorporação de nutrientes vivos e enzimas. Isso proporciona vitalidade, melhora no sono, agilidade mental e intestinos mais ativos", explica Vera Belchior, formada em naturopatia pelo Instituto de Medicina Tradicional (IMT), em Portugal.

A especialista explica que essa espécie de *detox* consiste em eliminar do corpo as impurezas de alimentos não-orgânicos consumidos ao longo da vida. Entre elas, os pesticidas, antibióticos, metais pesados e hormônios sintéticos. Isso porque a naturopatia considera que o acúmulo dessas substâncias pode levar ao desenvolvimento de doenças. "Atualmente, algumas evidências associam o uso de glifosato (tipo de herbicida) a um aumento da probabilidade de se desenvolver determinados tipos de câncer. A própria Organização Mundial da Saúde (OMS) declarou que o glifosato é um cancerígeno provável para o ser humano", afirma Vera.

Hoje em dia, muitas pessoas já sabem que os alimentos orgânicos são mais saudáveis. O grande problema é que, normalmente, eles são mais caros. Para driblar esse obstáculo, Vera sugere que se tente dividir as compras. A dica é: se o alimento for consumido com casca, dê preferência às opções orgânicas. Outro hábito defendido pelos naturopatas é o de consumir alimentos crus. "Nossa dieta deve conter ambas as versões. A vantagem do alimento cru está no teor enzimático, que é essencial para a saúde", afirma a profissional. Entretanto, ela ressalta que os ingredientes cozidos também são importantes. Apesar de não possuírem tantas enzimas, eles são mais digeríveis e podem ter seus valores nutricionais elevados após o cozimento. "É o caso do licopeno presente no tomate, que é absorvido de uma forma melhor se for cozido."

O cardápio perfeito, no entanto, deve ser personalizado, pois o sistema digestivo de cada pessoa reage de forma diferente aos alimentos. Em geral, o segredo é dar prioridade a ingredientes que favoreçam a flora intestinal, como vegetais de folha verde-escura, leguminosas, nozes e muitas frutas. Em contrapartida, deve-se evitar gorduras trans, frituras, carnes vermelhas e laticínios. "É possível fazer como os nossos antepassados, que comiam carne três a quatro vezes por mês e no restante dos dias ingeriam alimentos de base vegetal", conclui Vera. Confira a seguir algumas receitas que ajudam a nutrir e desintoxicar o organismo.

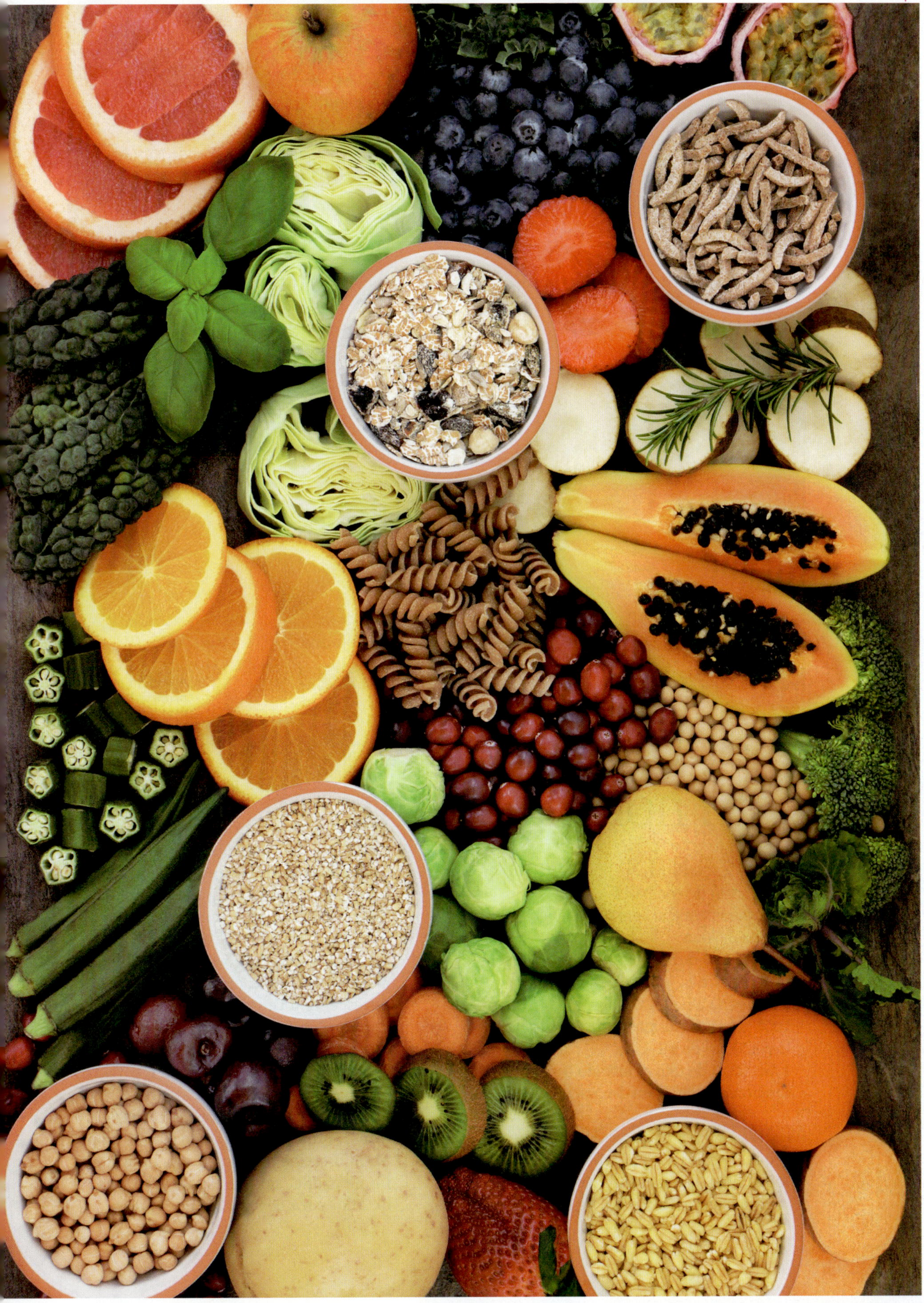

CAPÍTULO 4
PRATIQUE NO
SEU DIA A DIA

RECEITAS

Creme de ervilha com hortelã e tofu

A ervilha tem propriedades antioxidantes, é rica em proteína, fortalece os ossos e previne doenças cardíacas

INGREDIENTES

- 2 xíc. (chá) de ervilha em grãos
- 1 cenoura pequena bem picadinha
- 1 folha de louro
- 2 col. (sopa) de azeite de oliva extravirgem
- 1 cebola picada
- 3 dentes de alho amassados
- 1 xíc. (chá) de salsinha e hortelã picadas
- ½ col. (chá) de sal
- 1 xíc. (chá) de tofu defumado bem picadinho
- Croûtons de alho para decorar

MODO DE PREPARO

1) Deixe os grãos de ervilha de molho por 1 hora, lave-os bem e leve ao fogo com o louro e 8 xíc. (chá) de água.
2) Cozinhe as leguminosas até que fiquem bem macias, por cerca de 30 minutos.
3) Bata no liquidificador e reserve.
4) Em uma panela grande, refogue a cebola na metade do azeite de oliva até ela ficar levemente dourada. Acrescente a cenoura picada e depois o creme de ervilha.
5) Em outra panela, refogue o alho no restante do azeite e adicione à sopa.
6) Deixe cozinhar por mais alguns minutos, junte os temperos verdes e o tofu defumado, desligue o fogo e abafe.
7) Sirva o creme acompanhado de um fio de azeite, salsa crespa e croûtons de alho para decorar.

Salada antiestresse

O magnésio das sementes de girassol converte o triptofano em serotonina, que relaxa e dá bem-estar

INGREDIENTES
- ½ maço de rúcula
- ½ maço de alface roxa
- 1 cenoura ralada
- 1 manga em cubos
- 3 col. (sopa) de semente de girassol
- 12 unidades de azeitonas pretas
- Sementes de romã para decorar

Molho
- 1 col. (sopa) de suco de limão
- 3 col. (sopa) de azeite extravirgem
- Sal a gosto

MODO DE PREPARO
1) Primeiramente, prepare o molho incorporando todos os ingredientes (limão, azeite e sal) e reserve. Se quiser um paladar mais acentuado, você também pode adicionar ingredientes como manjericão fresco ou pimenta.
2) Lave bem e seque as folhas de rúcula e alface.
3) Em uma travessa, junte todos os ingredientes dispondo as folhas por baixo.
4) Polvilhe as sementes de romã e girassol por cima da salada e sirva.

CAPÍTULO 4
PRATIQUE NO SEU DIA A DIA
RECEITAS

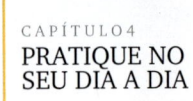

O grão-de-bico é rico em fibras, cálcio, ferro, magnésio, ácido fólico e uma importante fonte de proteína

Hambúrguer de grão-de-bico

INGREDIENTES
- 1 xíc. (chá) de grão-de-bico cozido e escorrido
- 2 col. (sopa) de gordura de palma
- ½ cebola picada
- 1 col. (sopa) de farinha de grão-de-bico
- 1 col. (sopa) de farinha de arroz
- ½ xíc. (chá) de cheiro-verde picado
- ½ xíc. (chá) de cebola picada
- Sal e pimenta-do-reino a gosto

MODO DE PREPARO
1) Misture todos os ingredientes e vá adicionando as farinhas até atingir a consistência desejada.
2) Asse os hambúrgueres em forno médio, preaquecido, untando a forma com azeite extravirgem e virando após 10 minutos, ou grelhe em chapa preaquecida, abafando o hambúrguer e virando após 4 minutos.

Sucos *detox* de frutas e hortaliças

Estes sucos desintoxicam porque regulam o intestino e ajudam a desinchar, dando vitalidade

Verde para manter o diabetes sob controle:

INGREDIENTES
- 2 folhas de couve-manteiga
- 1 fatia de abacaxi
- ½ maçã
- 1 ramo de hortelã
- 1 limão espremido
- 1 lasca de gengibre
- ½ talo de salsão

MODO DE PREPARO
1) Bata todos os ingredientes no liquidificador com pedras de gelo ou com um copo de água e tome em seguida. O ideal é beber sem açúcar, mas, se quiser adoçá-lo, use mel ou estévia.

Beterraba para dar disposição:

INGREDIENTES
- 1 copo pequeno (200 ml) de água de coco
- 100 g de beterraba
- 5 g de gergelim tostado
- 5 g de pimenta-rosa
- 1 lasca de gengibre fresco
- 10 morangos
- 1 limão espremido

MODO DE PREPARO
1) Bata todos os ingredientes no liquidificador e tome em seguida. O ideal é beber sem açúcar, mas, se quiser adoçá-lo, use 1 col. (chá) de mel ou estévia a gosto.

CAPÍTULO 4
PRATIQUE NO SEU DIA A DIA
RECEITAS

O inhame melhora o sistema imunológico, a qualidade do sangue e mantém a boa flora intestinal

Bolo de inhame com ricota

INGREDIENTES
- 3 ovos
- 3 col. (sopa) de açúcar mascavo ou do tipo demerara
- 1 col. (sopa) de farinha de quinoa
- 1 inhame médio (220 g) cozido
- 1 e ½ xíc. (chá) de leite desnatado (se você for vegano, também pode substituir por leite de amêndoas; veja receita na página 78)
- 4 fatias médias de ricota (150 g)
- 4 col. (sopa) de óleo de girassol
- 2 col. (sopa) de uva-passa
- 1 col. (sopa) de fermento químico
- 2 col. (chá) de canela em pó

MODO DE PREPARO
1) Bata na batedeira o açúcar com as gemas.
2) Acrescente a farinha, o inhame, o leite, a ricota e o óleo.
3) Bata as claras em neve separadamente e reserve.
4) Bata bem a massa e, com uma colher, misture as uvas-passas, as claras em neve e o fermento, delicadamente.
5) Unte uma forma com óleo e farinha de quinoa.
6) Despeje a massa na forma, polvilhe com canela em pó e leve para assar em forno a 180 ºC por 40 minutos ou até ficar alto e fofinho.

O cacau em pó puro tem efeito antioxidante, auxilia no controle do colesterol e não possui açúcar

Sorvete vegano de chocolate

INGREDIENTES
- 4 garrafas de leite de coco (retire das garrafas e coloque em um recipiente de boca larga; deixe na geladeira por uma noite)
- ½ copo de cacau em pó puro
- 400 g de tâmara sem caroço (deixadas de molho em água morna por 10 minutos e escorridas)
- 1 col. (chá) de extrato de baunilha
- ½ copo de leite de amêndoas (ou outro leite vegetal)
- Ingredientes opcionais: 30 ml de café espresso frio, ½ col. (chá) de canela em pó e nibs de cacau

MODO DE PREPARO
1) Coloque uma bacia ou tigela grande no freezer por 10 minutos.
2) Enquanto isso, ponha as tâmaras (que ficaram de molho) em um processador e triture-as até que estejam em pedaços pequenos. Então, adicione água quente aos poucos, até formar uma pasta espessa.
3) Sem virar completamente as tigelas com o leite de coco, retire a parte cremosa, reservando o líquido claro para outros usos.
4) Coloque o creme na bacia gelada. Usando uma batedeira, bata até que esteja cremoso e homogêneo.
5) Adicione o cacau em pó, a baunilha, o leite de amêndoas e metade da pasta de tâmara.
6) Bata até que os ingredientes estejam completamente incorporados.
7) Prove e ajuste o sabor ao seu agrado.
8) Adicione quase toda a pasta de tâmara e mais um pouco de cacau.
9) Transfira para uma tigela que possa ir ao freezer, forrada com papel-manteiga, e cubra frouxamente com filme plástico e papel-alumínio, para ajudar no congelamento. Para uma consistência mais firme, deixe no freezer por uma noite.

CAPÍTULO 4
PRATIQUE NO
SEU DIA A DIA

NUTRIÇÃO

VIVA MELHOR COM MENOS SAL
e açúcar

Vilões da saúde, esses dois ingredientes estão diretamente relacionados a problemas como hipertensão e diabetes. Mas há truques culinários que ajudam a substituí-los nas refeições (e limpar as toxinas que deixaram no organismo) sem comprometer o sabor dos pratos. Confira!

De acordo com dados do Ministério da Saúde, um em cada quatro brasileiros adultos sofre de hipertensão arterial, problema que pode desencadear uma série de complicações, como infarto, insuficiência renal crônica, Acidente Vascular Cerebral (AVC) e cegueira. Já o diabetes, outro distúrbio com consequências semelhantes, atinge pelo menos 16 milhões de pessoas no País. Tanto um quanto outro não têm cura, mas podem ser controlados por meio da adoção de um estilo de vida que inclua a prática regular de atividades físicas, o combate à obesidade e ao tabagismo e, principalmente, uma alimentação mais saudável, rica em ingredientes frescos e escassa em dois grandes vilões da dieta: o sal e o açúcar.

O LADO DOCE DA VIDA

Em seu último guia de recomendações para o consumo de açúcar, a Organização Mundial da Saúde (OMS) reduziu a ingestão recomendada de 10% para 5% do total de calorias diárias. Isso equivale a 25g, compostos tanto pelo açúcar de mesa quanto pelo usado no preparo das refeições. Boa parte dele, no entanto, está escondida em refrigerantes, sucos de caixinha e bolachas. Isso faz com que o brasileiro consuma até 50% mais que a quantidade sugerida, aumentando o risco de ter obesidade, doenças crônicas e, principalmente, diabetes.

A boa notícia é que o açúcar presente em frutas, legumes e no leite fresco não deve ser computado nessa restrição. Muito pelo contrário. De acordo com a endocrinologista Lorena Guimarães Lima, da Amato Instituto de Medicina Avançada (SP), o consumo desses itens deve ser incentivado em todas as idades. Adoçantes artificiais, por sua vez, devem ser riscados da lista do supermercado. "Apesar de não terem calorias, alguns dos aditivos químicos contidos nos adoçantes já foram comprovadamente atestados como prejudiciais à saúde no longo prazo", explica a nutricionista Jéssica Kelly. Isso acontece porque os edulcorantes não são reconhecidos pelo organismo, gerando sobrecarga do fígado e dos rins no esforço de eliminar os componentes químicos.

Veja ao lado alguns ingredientes que adoçam o paladar de maneira natural e dê adeus de vez aos açúcares e adoçantes sintéticos.

SUBSTITUTOS NATURAIS

Confira algumas alternativas saudáveis para adoçar tudo sem usar açúcar

ÓLEO DE COCO
Quando usado para cozinhar verduras amargas, confere a elas um sabor adocicado, fazendo com que o cérebro o compreenda como um alimento doce.

MEL
É um alimento alcalinizante, que adoça naturalmente sem aumentar os níveis de açúcar do sangue (diabéticos, no entanto, devem consumi-lo de forma controlada). Rico em enzimas, componentes antibacterianos, vitaminas, minerais, aminoácidos e fitonutrientes, o mel pode ser utilizado para adoçar sucos, chás e até o café, mas não deve representar mais que um terço de toda a quantidade de açúcar em receitas de tortas, bolos e afins.

TÂMARAS
Por terem sabor adocicado e serem resistentes ao forno, estas frutas podem ser picadas e utilizadas no preparo de bolos, *muffins*, sorvetes, *cookies* e outros quitutes caseiros.

CANELA
É excelente na hora de adoçar o café, para aqueles que não conseguem consumir a bebida pura. Basta uma pitada ou um pedaço do pau dentro da xícara para adoçar e aromatizar.

EXTRATO DE ESTÉVIA
Rica em antioxidantes e com um índice glicêmico zero, esta substância é 300 vezes mais doce que o açúcar, além de ser segura para diabéticos.

PURÊ DE MAÇÃ
Para substituir o açúcar em bolos, *cupcakes* e *muffins* sem alterar o sabor, é possível preparar um purê de maçã cozida com água na proporção de 1 para 1. Para que a receita não desande, a dica é diminuir a quantidade de ingredientes líquidos e, se necessário, adicionar alguns minutos a mais no cozimento.

FAVA DE BAUNILHA
Ajuda a adoçar chás e iogurtes naturais.

CAPÍTULO 4
PRATIQUE NO
SEU DIA A DIA

NUTRIÇÃO

Livre-se do saleiro

A quantidade diária de sal recomendada pela Organização Mundial da Saúde (OMS) deve ser de 5 gramas (1 colher de chá), o que equivale a menos de 2 gramas de sódio. Mas o brasileiro está longe de cumprir essa meta, ingerindo uma média de 12 gramas de sal por dia. O resultado é a retenção de líquidos, que eleva a pressão arterial e altera o paladar. "O sódio em excesso aumenta a absorção de líquidos dos tecidos para o sangue. Para preservar o equilíbrio e normalizar a falta de água nas células, o organismo aumenta a pressão arterial na tentativa de irrigar melhor os tecidos. Esse mecanismo, se ocorrer em longo prazo, é um dos maiores fatores de risco para doenças cardiovasculares", explica a nutricionista Dominique Horta Buim (SP).

Além disso, o consumo exagerado de sódio aumenta a suscetibilidade a alergias (de pele e respiratórias) porque estimula a histamina — hormônio que inicia a reação alérgica, dificulta o aproveitamento de cálcio pelo organismo (o que reduz a densidade óssea e causa acúmulo de cálculos nos rins) e favorece a obesidade. "O ganho de peso não ocorre só em decorrência da retenção de líquidos, mas também pelo aumento crônico do cortisol, que atua em sinergia com outros hormônios, inclusive reduzindo a produção de adiponectina, hormônio responsável pela queima de gordura", diz Dominique.

E engana-se quem pensa que o sódio está presente apenas no sal. Quase todos os produtos industrializados, inclusive os de paladar doce, levam este componente como forma de realçar o sabor. Os recordistas de sódio são: queijo parmesão, macarrão e sopa instantâneos, temperos prontos, presunto, mortadela, salame, linguiça, salsicha, *bacon*, atum, sardinha, aliche, *shoyu*, maionese, *catchup*, mostarda, salgadinhos, manteiga, margarina, enlatados, bolachas recheadas e refrigerantes. Em contrapartida, há alimentos que ajudam a limpar o sódio do corpo, colaborando com a saúde dos rins e liberando as toxinas. Confira os principais na página ao lado.

APRENDA A FAZER O SAL DE ERVAS

Existe um truque culinário que ajuda a reduzir bastante a quantidade de sal nas receitas. Trata-se de um *mix* caseiro de ervas desidratadas. Juntas, elas realçam o sabor dos alimentos e reduzem a presença de sódio nos pratos em até seis vezes. Para tanto, você deve utilizar o sal de ervas na mesma quantidade que usaria se fosse sal comum (ou apenas um pouco mais, se preferir).

INGREDIENTES
- 1 pacote de alecrim
- 1 pacote de manjericão
- 1 pacote de manjerona
- 1 pacote de orégano
- 1 pacote de cheiro-verde
- 200 g de sal marinho ou rosa

MODO DE PREPARO
1) Bata tudo no liquidificador e guarde a mistura em um vidro com tampa.

- *Dica:* você também pode acrescentar outros temperos que sejam do seu gosto, como sálvia, hortelã, tomilho ou alho desidratado.

REMÉDIO NO PRATO

Veja alguns alimentos que ajudam a eliminar o sódio do corpo

BERINJELA
A água extraída do alimento é uma aliada de quem sofre com pressão alta e problemas nos rins. Isso porque ela diminui o inchaço do corpo ao estimular a produção de urina. E mais: a berinjela faz com que o organismo absorva menos gordura.

BANANA-PRATA
Aumenta a vasodilatação e a circulação sanguínea, neutralizando o excesso de sódio, já que o potássio estimula a excreção do sal por meio da urina. Pode ser consumida *in natura* ou como doce.

LINHAÇA
Rica em ômega-3, a semente favorece a eliminação de sódio pela urina e melhora o sistema vascular, ajudando a reduzir a pressão arterial. Quatro colheres de sopa por dia são suficientes, e ainda contribuem para emagrecer, pois suas fibras saciam a fome sem provocar ganho de peso.

ÁGUA DE COCO
Age nos rins, facilitando a desintoxicação e prevenindo a formação de pedras. Por conter componentes parecidos com os do sangue humano, a bebida ainda contribui para a reposição de fluidos corporais.

CEBOLA
Que a cebola é boa para a circulação, todo mundo já sabe, mas o que isso tem a ver com a saúde dos rins? Tudo! Ao dilatar os vasos e estimular o fluxo de sangue, ela evita o acúmulo de gordura nas paredes das artérias, o que previne infartos e derrames.

PEPINO
Não há alimento melhor para liberar o excesso de ácido úrico do organismo. O suco de pepino é um diurético natural que ajuda a eliminar toxinas e gordura, o que colabora para uma perda imediata de peso.

ABACAXI
Fonte de vitaminas A, B e C e de minerais como cálcio, manganês e ferro, o abacaxi tem função digestiva (devido à bromelina) e é um excelente diurético, auxiliando na eliminação de toxinas pela urina.

MELÃO
Tem função diurética, além de também ser rico em fibras, que ajudam no melhor funcionamento do intestino, colaborando para a perda de peso. De quebra, a fruta reforça a imunidade e ajuda a atenuar os sintomas da TPM (Tensão Pré-Menstrual).

MELANCIA
É simples: 90% da composição da melancia é água. Precisa dizer mais alguma coisa? Além de aumentar o volume de urina, a fruta é rica em antioxidantes e minerais. Pode ser consumida *in natura* ou como suco.

CAPÍTULO 4
PRATIQUE NO
SEU DIA A DIA

RECEITAS CASEIRAS

MENOS ADITIVOS, *mais saúde*

Até produtos processados comuns no dia a dia — como requeijão, nugget e leite condensado — podem ser feitos de forma natural e caseira. Além de economizar, você vai ganhar mais sabor à mesa e vitalidade no dia a dia

De acordo com a naturopatia, o acúmulo de substâncias químicas no organismo, como conservantes, pesticidas, antibióticos, metais pesados e hormônios sintéticos, pode levar ao desenvolvimento de doenças. Por isso, produtos industrializados precisam ser banidos do cardápio. A comida deve ser natural, de preferência orgânica (sem agrotóxicos), e preparada na hora.

Embora itens como salsicha, hambúrguer, maionese, *catchup*, macarrão instantâneo, bolachas e sopas prontas sejam muito consumidos, pesquisas científicas comprovam o que os naturólogos já sabiam há tempos: todo tipo de alimento processado leva em sua composição substâncias que fazem mal à saúde. Segundo a nutricionista Camila Pinheiro, do Essência Nutrir — Espaço de Nutrição Consciente, os industrializados têm muitos aditivos químicos que se fazem necessários justamente para dar ao produto a aparência, a textura, a cor, o cheiro e o sabor desejados pelo consumidor, e também para conservá-lo. "Geralmente, são adicionados antioxidantes, para evitar a deterioração da comida; acidulantes, adoçantes e aromatizantes, para realçar o sabor e o aroma; e corantes e espessantes, que alteram a cor e a aparência", explica.

Além dos inúmeros aditivos, os alimentos processados apresentam grandes quantidades de açúcar refinado e sódio, elementos que, se consumidos em excesso, fazem o nosso paladar se acostumar cada vez mais com os sabores doce e salgado. Com isso, acabamos por aumentar a ingestão de substâncias que podem ampliar a incidência de doenças crônicas, como diabetes, hipertensão, obesidade e doenças cardiovasculares *(veja no quadro ao lado os itens mais populares e repletos de substâncias que podem ser prejudiciais à saúde)*.

CHEGA DE INDUSTRIALIZADOS!

Se você não quer mais comer nenhum alimento processado, saiba que isso é possível. Apesar de não ser uma tarefa simples, especialmente para quem está acostumado a ingeri-los diariamente, a dica é evitar o consumo diário e estar sempre atento aos rótulos dos produtos. A nutróloga e fisiatra Sylvana Braga ensina que a substituição pode ser feita de diversas maneiras: "Pode-se usar leite desnatado sem lactose, cacau em pó puro, iogurte natural caseiro e molho de tomate fresco, por exemplo. Essas pequenas mudanças se traduzem em diversas vantagens para a saúde, pois adicionam alimentos frescos, sem conservantes nem corantes, e com baixo teor de sal, gorduras e acidulantes".

Os produtos mais práticos do dia a dia também podem ser recriados, como é o caso do leite, que ganha versões vegetais caseiras muito mais saudáveis e sem lactose, e até mesmo dos *nuggets* de frango tão apreciados pelas crianças. Segundo a nutricionista Camila Pinheiro, essa é uma forma de controlar o bem-estar e a saúde, independentemente de ser ou não vegetariano. Aprenda nas próximas páginas a preparar versões caseiras, saborosas e saudáveis de 12 itens que merecem ser evitados no supermercado.

RISQUE DA LISTA

PRODUTO	POSSÍVEIS ADITIVOS QUÍMICOS	PRINCIPAL RISCO
Salsicha	Antioxidantes e realçadores de sabor	Os conservantes mais usados em embutidos são os nitratos, substância conhecida como carcinogênica
Sobremesas lácteas e iogurtes	Espessantes, aromatizantes, acidulantes, conservantes e corantes	Nessa classe de produtos, os corantes e conservantes representam o maior risco. Em excesso, podem causar alergias, disfunções digestivas e metabólicas
Balas, doces e gelatinas	Acidulantes, aromatizantes e corantes artificiais	Os corantes são vilões porque causam alergias. Há suspeitas de que possam levar a danos digestivos, metabólicos e até neurológicos se utilizados com frequência

Fonte: Camila Borduqui, nutricionista funcional e esportiva.

CAPÍTULO 4
PRATIQUE NO SEU DIA A DIA

RECEITAS CASEIRAS

CREME DE AVELÃ E CHOCOLATE

INGREDIENTES
- 1 xíc. (chá) de avelãs torradas e sem pele
- 115g de chocolate amargo
- 2 col. (sopa) de cacau em pó
- ½ xíc. (chá) de açúcar refinado
- ½ col. (café) de baunilha

MODO DE PREPARO
1) Torre as avelãs no forno e deixe-as esfriar para depois tirar a pele. Para isso, preaqueça o forno a 180ºC e asse-as por 12 minutos. Elas estarão prontas quando estiverem amarronzadas.
2) Coloque as avelãs em um processador de alimentos até que fiquem como um creme.
3) Em seguida, adicione o chocolate derretido, o cacau, o açúcar e a baunilha, sem deixar de processar os alimentos.
4) Se não chegar à consistência desejada, adicione poucas gotinhas de azeite e processe até que chegue ao ponto ideal.
5) Coloque o creme de avelã caseiro em um pote de vidro e armazene na geladeira.

Maionese sem óleo

INGREDIENTES
- 1 copo de leite vegetal (pode ser de soja, aveia, castanha, amêndoa etc.)
- Temperos (manjericão, alho e cheiro-verde são algumas opções)
- Arroz integral cozido
- Sal a gosto
- Suco de ½ limão

MODO DE PREPARO
1) No liquidificador, bata bem todos os ingredientes, exceto o arroz.
2) Experimente para verificar se está bom de sal e de tempero.
3) Acrescente aos poucos o arroz cozido até atingir o ponto de maionese.

Leite de amêndoas

INGREDIENTES
- 1 xíc. (chá) de amêndoas
- 6 xíc. (chá) de água filtrada

MODO DE PREPARO
1) Deixe as amêndoas mergulhadas em 3 xícaras de água filtrada, num recipiente coberto com papel-toalha, por 12 horas.
2) Dispense a água do molho e bata as amêndoas no liquidificador com outras 3 xícaras de água. Coe.

Nuggets caseiros

INGREDIENTES
- 500 g de frango moído
- 4 pães de forma integral (esfarelados)
- 1 fatia pequena de cebola
- 3 dentes de alho
- Sal e pimenta a gosto
- Cebolinha a gosto
- 1 xíc. (chá) de farinha de milho
- 2 ovos

MODO DE PREPARO
1) Acrescente a cebola e o alho picados ao frango e misture.
2) Adicione pimenta, sal e cebolinha na mistura e deixe-a bem homogênea.
3) Molde bolinhos e ajuste as laterais como *nuggets*.
4) Empane-os passando no ovo primeiro e depois na farinha.
5) Preaqueça o forno por 10 minutos a 200ºC.
6) Asse por 30 minutos.

- **Dica:** o nugget cru pode ser congelado (15 dias) de forma interfolhada, com papel filme. A farinha de milho pode ser substituída por farinha de linhaça ou aveia.

Iogurte natural

INGREDIENTES
- 1 litro de leite
- 1 pote de iogurte natural (que tenha como ingrediente leite e fermento lácteo apenas)

MODO DE PREPARO
1) Ferva o leite até subir. Deixe amornar. Para alcançar a temperatura correta, basta colocar o dedo dentro do leite e contar até dez.
2) Misture o iogurte e deixe fermentar em local selado (dentro do forno) por 12 horas ou de um dia para o outro. Nesse período, não mexa; deixe descansar. Depois, leve para a geladeira.

QUEIJO DE MANDIOCA

INGREDIENTES
- 4 xíc. (chá) de purê de mandioca (colocar os pedaços cozidos)
- 1 xíc. (chá) da água na qual cozinhou a mandioca
- 1 xíc. (chá) de azeite ou óleo
- 4 col. (sopa) cheias de polvilho azedo
- Sal a gosto

MODO DE PREPARO
1) Coloque todos os ingredientes no liquidificador e bata.
2) Depois, passe para uma panela em fogo alto e cozinhe mexendo com colher de pau por 8 a 10 minutos, até que fique duro e difícil de mexer. A massa começa a soltar da panela quando atinge o ponto certo.
3) Quando secar um pouco a água, passe para um recipiente e leve à geladeira. Em uma hora, já está pronto.

CAPÍTULO 4
PRATIQUE NO SEU DIA A DIA

RECEITAS CASEIRAS

TOFUPIRY CREMOSO

INGREDIENTES
- 250 g de tofu
- 50 g de polvilho azedo
- 50 g de azeite
- 1 col. (chá) rasa de sal
- 1 col. (café) rasa de ácido cítrico em pó ou 1 col. (sopa) de suco de limão
- 1 col. (café) rasa de levedo de cerveja em pó nacional
- 1 xíc. (chá) de água

MODO DE PREPARO
1) Bata todos os ingredientes no liquidificador ou processador até obter uma mistura lisa. Se usar o processador, acrescente a água só ao final.
2) Leve ao fogo e mexa sem parar, até engrossar e formar uma massa homogênea, cozinhando por mais um minuto e mexendo sempre.

- *Dica:* para utilizar, coloque o conteúdo em um saco de confeitar ou saco plástico específico para alimentos e corte a ponta. Está pronto o seu tofupiry!

Pasta de amendoim

INGREDIENTES
- 1 xíc. (chá) de amendoim torrado, sem casca e sem sal
- Opcional: 1 col. (chá) de açúcar mascavo ou demerara

MODO DE PREPARO
1) Leve o amendoim ao forno baixo por 5 minutos apenas para esquentar (é importante aquecer, a fim de que ele libere o óleo para virar a pasta).
2) Depois de aquecido, bata no liquidificador ou processador até que vire uma pasta. Caso necessário, acrescente umas gotinhas de óleo de coco extravirgem.
3) Armazene na geladeira em vidro escuro ou vedado com papel-alumínio.

Leite condensado

INGREDIENTES
- 2 col. (sopa) de manteiga ou *ghee (veja receita ao lado)*
- 2 xíc. (chá) de leite em pó
- 1 e ½ xíc. (chá) de açúcar orgânico
- 1 xíc. (chá) de água fervente

MODO DE PREPARO
1) Bata todos os ingredientes no liquidificador por 5 minutos.
2) Coloque em um recipiente e espere esfriar.

80 NATUROPATIA

Manteiga *ghee*

MODO DE PREPARO

1) Coloque a manteiga em uma panela e leve ao fogo médio até a manteiga ferver.
2) Observe que formará uma espuma, que logo baixará. Quando formar a segunda espuma, aguarde alguns minutos e retire do fogo.
3) Após esfriar, coe e coloque em um vidro.
4) Deixe no freezer até endurecer e depois retire. Armazene fora da geladeira por até seis meses.

INGREDIENTES
- 250 g de manteiga sem sal

Catchup

INGREDIENTES
- 2 kg de tomates maduros
- ½ xíc. (chá) de açúcar mascavo ou demerara
- ½ xíc. (chá) de vinagre de vinho branco

MODO DE PREPARO

1) Tire as sementes do tomate e pique em cubinhos.
2) Em ½ xíc. (chá) de água, leve os tomates ao fogo.
3) Depois de cozido, bata no liquidificador.
4) Em outro recipiente, misture o açúcar com o vinagre e leve ao fogo.
5) Quando o açúcar derreter, misture o tomate batido e deixe cozinhar em fogo baixo por 20 minutos.
6) Coloque sal a gosto.
7) Depois que esfriar, coloque em um pote de vidro e leve à geladeira. Dura uma semana.

- *Dica: pode-se acrescentar pimenta ou gengibre.*

Barrinha de cereais

INGREDIENTES
- ¼ de copo de amêndoas torradas
- ¼ de copo de castanhas-do-pará
- ¼ de copo de castanhas-de-caju torradas
- ½ copo de pasta de amendoim *(veja receita na página ao lado)*
- 2 col. (sopa) de água
- 12 tâmaras sem caroço
- 2 col. (sopa) de goji berry (ou passas)

MODO DE PREPARO

1) Coloque as tâmaras de molho na água por, no mínimo, 10 minutos.
2) Bata no processador a pasta de amendoim, as tâmaras e a água. Reserve.
3) Bata as castanhas-de-caju, as amêndoas e as castanhas-do-pará.
4) Junte todos os ingredientes triturados em uma tigela. Acrescente a *goji berry*.
5) Coloque a mistura em uma assadeira, moldando com as mãos.
6) Leve para a geladeira por uma hora, para que fiquem durinhas.

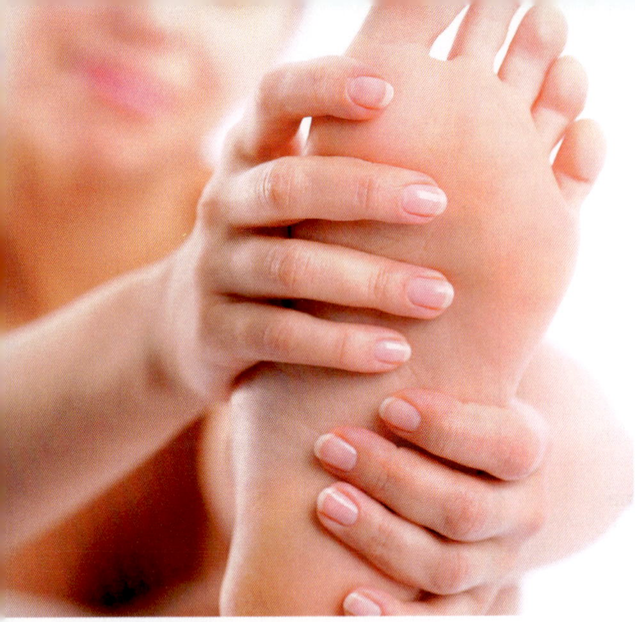
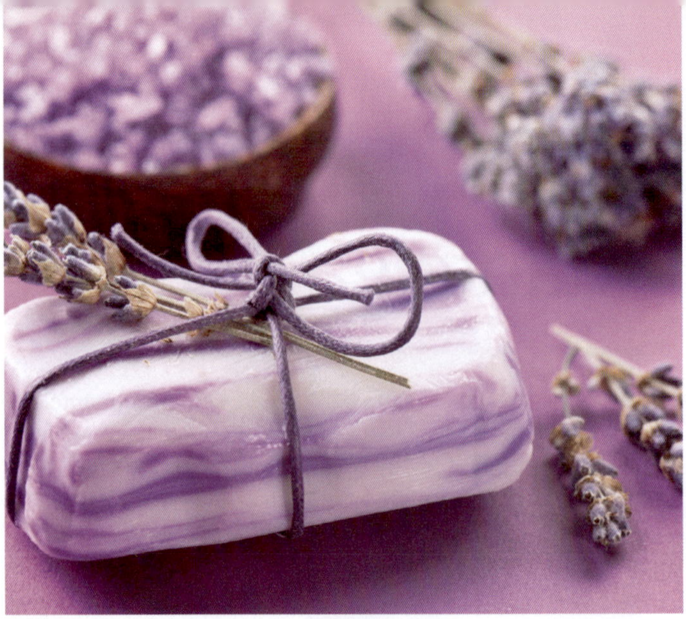
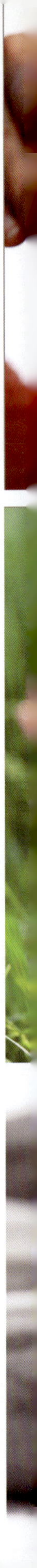
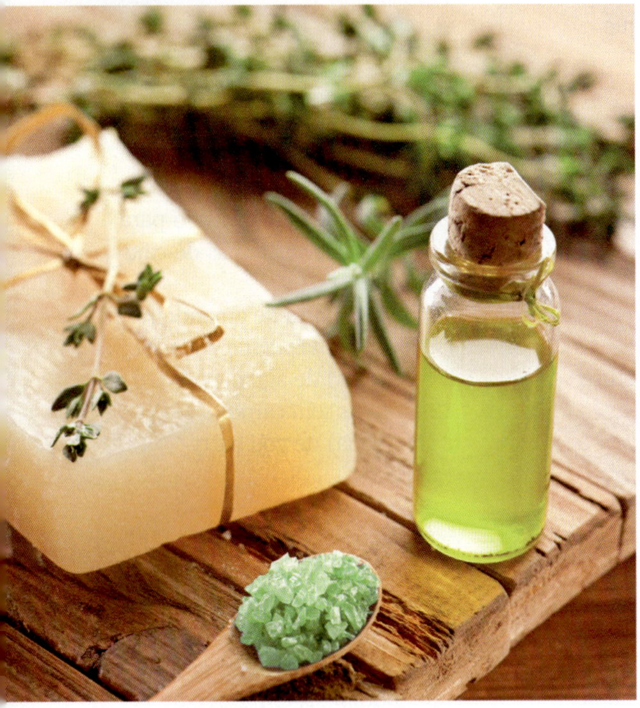
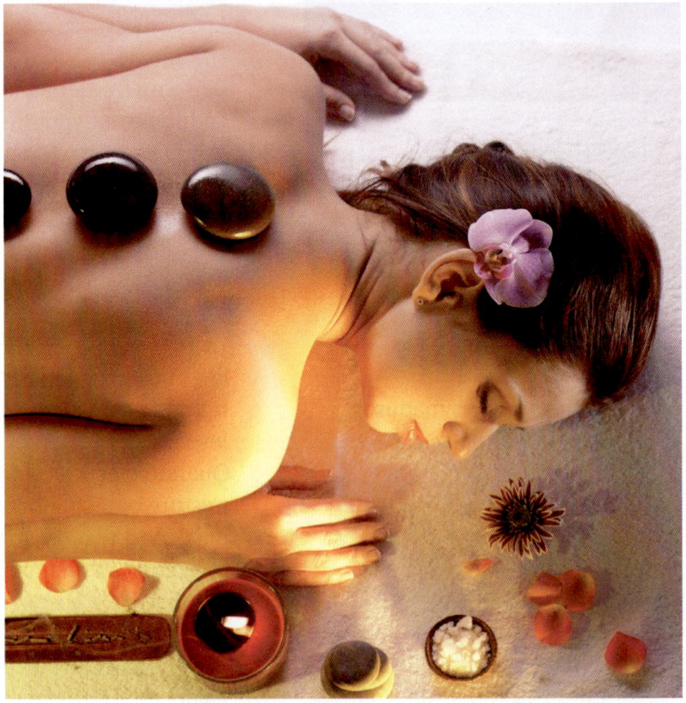
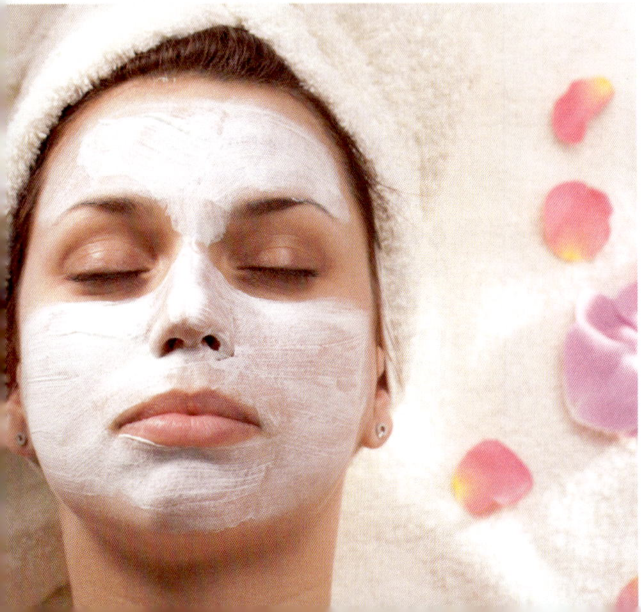
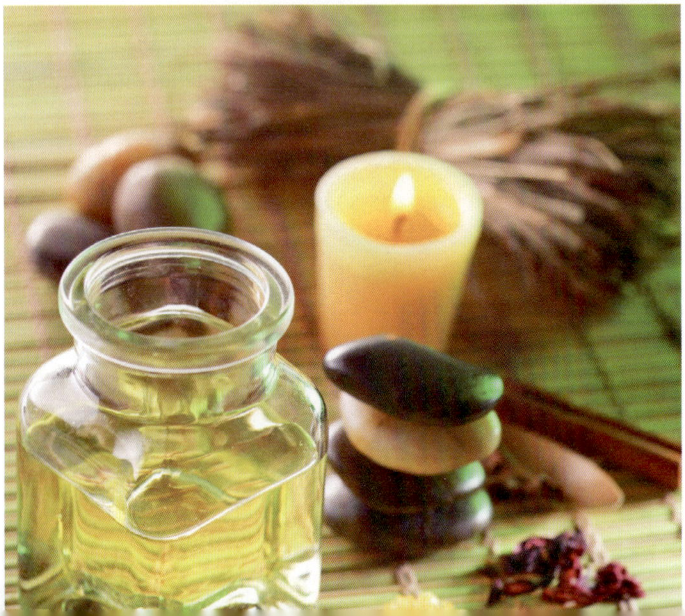

CAPÍTULO 5

CONHEÇA OUTRAS *terapias*

Práticas Integrativas e Complementares têm crescido no Brasil, e várias delas já estão disponíveis pelo Sistema Único de Saúde. Saiba quais são os benefícios e fundamentos de algumas especialidades

CAPÍTULO 5
OUTRAS TERAPIAS

A crescente demanda de pacientes à procura de métodos de cura não convencionais e as recentes descobertas da ciência comprovando os benefícios que a maioria desses tratamentos pode trazer ao organismo levaram o Sistema Único de Saúde (SUS) a inserir diversos recursos terapêuticos em sua lista de serviços. A maioria foi incluída em 2017 e 2018 à Política Nacional de Práticas Integrativas e Complementares (PNPIC), que reúne terapias voltadas à cura e prevenção de transtornos como depressão, ansiedade e pressão alta.

Esses procedimentos já eram oferecidos por vários municípios brasileiros, de acordo com dados do programa de Melhoria do acesso e da Qualidade na atenção Básica (PMAQ-AB), mas com as inclusões, o Ministério da Saúde passou a ter informações qualificadas dessas práticas. Desde a implantação das primeiras especialidades, em 2006, a procura e o acesso de usuários do SUS a tratamentos como homeopatia, fitoterapia e medicina tradicional chinesa cresceu exponencialmente. Hoje, cerca de 30% das Unidades Básicas de Saúde (UBSs) de todo o Brasil oferecem algum tipo de prática integrativa e complementar. Confira a seguir os fundamentos, aplicações e benefícios das principais modalidades disponíveis em hospitais e centros de atenção da rede pública.

> **INFORME-SE**
> Para descobrir quais Práticas Integrativas e Complementares (PICs) oferecidas pelo SUS estão disponíveis na sua região, a Coordenação Geral de Gestão da Atenção Básica (CGGAB) recomenda que cada cidadão entre em contato com a Secretaria de Saúde do seu município.

Hipnoterapia

Por meio de técnicas que favorecem a concentração e um intenso relaxamento, a hipnoterapia ajuda o paciente a atingir um estado de consciência aumentado que permite superar uma série de comportamentos indesejados, como medos, fobias, raiva, compulsões, ansiedade, estresse e angústia.

Nas sessões, o profissional usa frases diretas e metáforas que induzem à reflexão e ressignificação de atitudes, emoções e pensamentos. "O foco é trabalhar em um estado de mente subconsciente para promover transformações saudáveis e positivas de forma mais rápida na direção do equilíbrio emocional e do bem-estar", explica o psicólogo e neuroterapeuta Emanuel Rivero. De quebra, o método estimula o autoconhecimento, pois transforma a comunicação com a parte mais profunda da mente, garantindo resultados positivos também no tratamento de distúrbios alimentares, insônia, depressão, transtorno de estresse pós-traumático, dores crônicas e dificuldades sexuais.

Terapia de florais

Como o próprio nome sugere, esta prática terapêutica utiliza essências derivadas de flores para atuar nos estados mentais e emocionais. A precursora foi a terapia de florais de Bach, criada em 1929 pelo inglês Edward Bach (1886-1936), que reúne 38 fórmulas voltadas ao alívio de problemas emocionais e psíquicos. Mas há outros sistemas do gênero, como os florais australianos, californianos, de Minas, de Saint Germain, do cerrado, de Joel Aleixo, Mystica, do Alaska e do Hawai.

Segundo a naturóloga Giane Honorato, os florais podem até atuar no físico, mas sempre trabalhando uma origem mental, sendo indicados para casos de depressão, ansiedade, pânico, sentimento de culpa, cansaço mental, ciúmes, solidão, insegurança, entre outros.

Assim como em diversas outras PICs, o tratamento com florais tem seu foco voltado à pessoa, e não à doença. A ideia, portanto, é dar recursos para que o organismo desenvolva um processo de autocura. Por isso, é importante evitar a automedicação. "Mesmo que a gente viva no mesmo ambiente e da mesma maneira, a origem da minha dor de cabeça pode não ser a mesma que a sua", explica Giane.

Dança circular

Primeiro, aprende-se o passo, que deve ser treinado em uma roda. Depois, passa-se a dançar a música para internalizar os movimentos e liberar a mente, o corpo e o espírito. Essa é a proposta das Danças Circulares Sagradas, desenvolvidas pelo coreógrafo alemão Bernhard Wosien, em 1976. A modalidade chegou ao Brasil na década de 1990 e se espalhou por escolas, parques, hospitais e até empresas.

Um dos objetivos é instigar o sentimento de união em grupo. De mãos dadas, os indivíduos têm a oportunidade de aquietar suas emoções, aprimorando a concentração e a memória. No Recife (PE), a Unidade de Cuidados Integrais à Saúde (UCIS) Professor Guilherme Abath oferece encontros de Dança Circular Sagrada para prevenir e tratar doenças. As rodas são formadas por pessoas com ou sem encaminhamento médico, de todas as idades, gêneros e condições físicas.

CAPÍTULO 5
OUTRAS TERAPIAS

Homeopatia

Criada no fim do século XVIII pelo alemão Samuel Hahnemann, a homeopatia baseia-se no princípio de que todas as substâncias presentes na natureza são capazes de curar os mesmos sintomas que produzem. Para tanto, são administradas doses altamente diluídas, geralmente na forma de comprimido, com o objetivo de estimular o sistema de cura natural do organismo.

Essa terapia tem efeitos positivos em casos de doenças crônicas não transmissíveis, problemas respiratórios, alergias e transtornos psicossomáticos. No entanto, o assunto não é bem compreendido pela população. Por isso, o Centro de Práticas Integrativas e Complementares (CPIC) criou o chamado Acolhimento: reuniões feitas antes do início do tratamento homeopático — indicado por um médico conveniado ao SUS — para esclarecer dúvidas relacionadas à prática.

Reiki

Baseada no conceito de que uma energia invisível flui dentro de todo ser vivo, a filosofia do reiki considera que, se essa força estiver sempre em alta, a pessoa será mais capaz de se manter saudável e feliz.

Dentro desse contexto, desenvolveu-se um sistema natural de harmonização e reposição energética que visa a manter a saúde e promover a cura. Para tanto, a técnica usa a imposição das mãos por meio de toque ou aproximação, na qual o terapeuta passa a energia vital do universo para o paciente através dos seus *chakras*, proporcionando sensações de paz, segurança e bem-estar. No Rio de Janeiro, uma parceria da CAP 3.2 com o Hospital Maternidade Carmela Dutra já beneficiou centenas de funcionários de ambas as entidades com atendimentos de reiki. Feito por voluntários, o projeto tem como objetivo diminuir a carga de estresse e ansiedade dos profissionais da saúde.

Terapia Comunitária Integrativa

Criada no Brasil pelo psiquiatra Adalberto de Paula Barreto na década de 1990, essa terapia praticada em grupo consiste em uma roda de partilha de experiências e sabedoria, na qual o acolhimento e o respeito são fundamentais.

A abordagem tem como finalidade promover a atenção primária em saúde mental dentro de uma comunidade. Ao oferecer um espaço para a expressão sem risco de julgamentos e exclusão, a Terapia Comunitária Integrativa favorece o resgate cultural e a autoestima de populações. Oferecida no SUS por meio de programas de Promoção e Prevenção em Saúde, a terapia já beneficiou diversos pacientes do Centro de Atenção Psicossocial Gutemberg Botelho, em João Pessoa (PB). Juntos, eles trabalharam estratégias de superação para questões como tristeza, solidão, ansiedade e revolta.

Constelação familiar

Desenvolvido nos anos 1980 pelo psicoterapeuta alemão Bert Hellinger, este método defende a existência de um inconsciente familiar — além dos inconscientes individual e coletivo — atuando em cada membro de uma família.

Para reconhecer a origem dos problemas e o que pode estar "encoberto" nas relações, o terapeuta deve focar no que Hellinger considera como leis básicas de todo relacionamento humano: a do pertencimento ou vínculo, a da ordem de chegada ou hierarquia e a do equilíbrio, que atuam ao mesmo tempo, onde houver pessoas convivendo. Segundo Hellinger, as ações realizadas em consonância com essas leis fazem com que a vida flua de modo equilibrado e harmônico. Porém, quando são transgredidas, ocasionam perda da saúde, da vitalidade, da realização e da capacidade de cultivar bons relacionamentos, com decorrente fracasso nos objetivos de vida. Normalmente, a constelação familiar é uma terapia breve, que pode ser feita em grupo, durante *workshops*, ou em atendimentos individuais, abordando-se um tema a cada encontro.

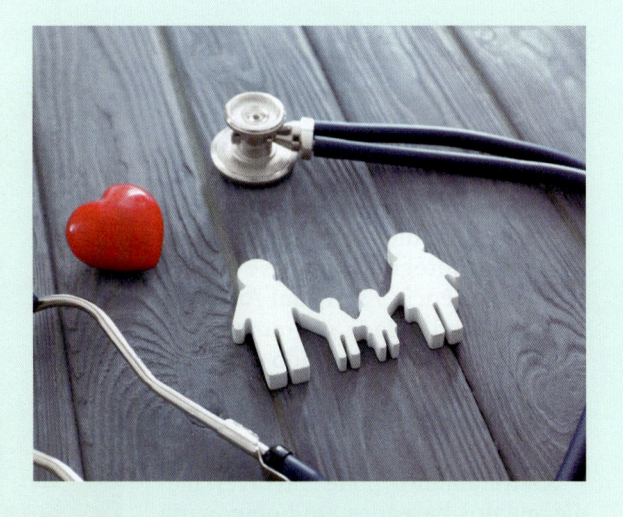

CAPÍTULO 5
OUTRAS TERAPIAS

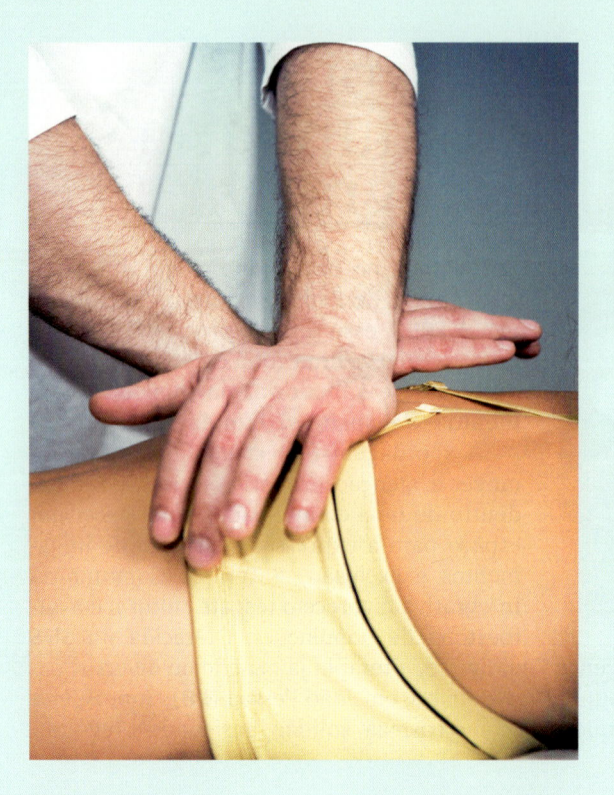

Quiropraxia

Essa terapia manipulativa ajuda a diagnosticar, tratar e prevenir desordens nos sistemas nervoso, muscular e ósseo. O objetivo é avaliar, identificar e corrigir as subluxações vertebrais e o mau funcionamento das articulações, que podem afetar o mecanismo da coluna e a função neurológica do paciente.

Por isso, a técnica foca mais a solução da causa do problema do que seus sintomas. Em vez de prescrever remédios ou procedimentos cirúrgicos, o profissional quiroprata age para buscar o funcionamento correto da mecânica do corpo. Durante o atendimento, o especialista ainda pode indicar uma série de exercícios específicos para auxiliar na reabilitação, oferecer orientações sobre nutrição e sugerir outras práticas que potencializam os benefícios da quiropraxia.

Medicina antroposófica

Considerada uma ampliação da arte médica em um sentido mais integral, com base em critérios da Ciência Espiritual Antroposófica, a modalidade vai muito além dos exames físicos, levando em conta também o desenvolvimento emocional, o estado psicológico e toda a história de vida do paciente.

O tratamento pode envolver medicamentos baseados em homeopatia ou fitoterapia, sessões de arteterapia e fórmulas da farmácia aplicada pela Antroposofia. Esses preparados têm sempre origem mineral, vegetal ou animal e nunca são sintéticos, embora o especialista consultado possa receitar também remédios alopáticos, se necessário. Mais do que a medicação adequada, o profissional prescreve orientações alimentares, de estilo de vida e de saúde em geral.

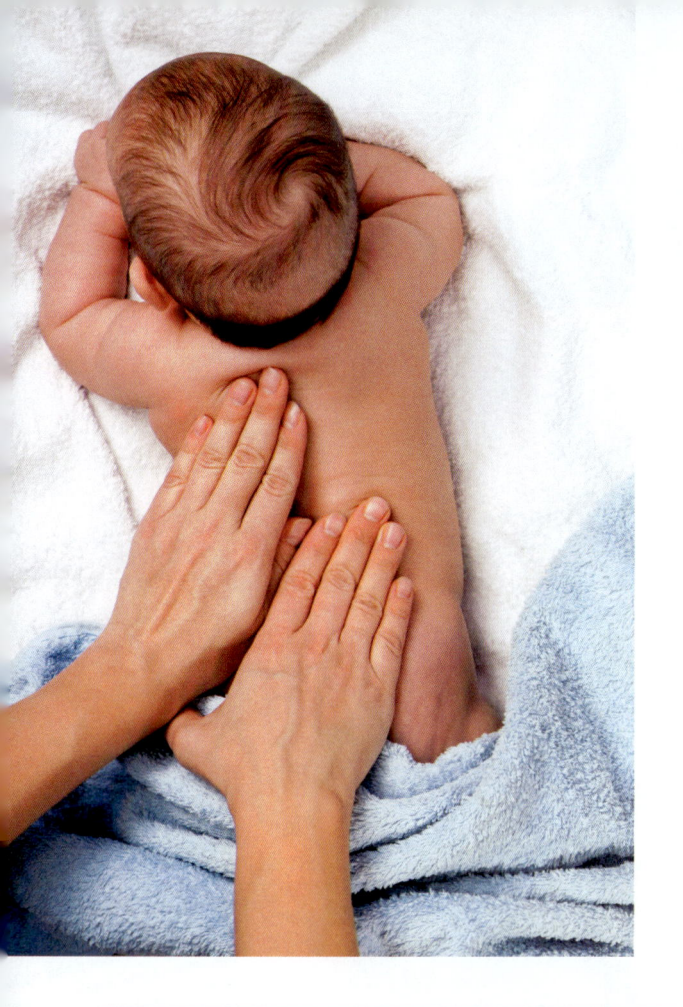

Shantala

De origem indiana, a *shantala* consiste no contato físico e harmônico entre mãe e bebê por meio de uma técnica de massagem milenar feita com óleo. Além de reforçar o vínculo familiar, a prática traz uma série de benefícios à criança, como o controle das cólicas típicas da idade e uma significativa melhora da insônia, digestão, circulação, tonicidade muscular e do sistema imunológico.

A técnica foi difundida no Ocidente pelo obstetra francês Frederick Leboyer, durante a década de 1970. Devido ao grande número de nascimentos na região, a equipe de Saúde da Criança do Centro de Saúde Campo Belo (SP) passou a promover encontros de mães e bebês com profissionais especializados em sessões de *shantala*. Logo nas primeiras massagens, foi possível perceber mudanças no comportamento dos pequenos, como melhor aceitação ao toque e profundo relaxamento.

Cromoterapia

Incluída em 2018 na lista de práticas disponíveis pelo SUS, a cromoterapia utiliza as sete cores do espectro solar, além do rosa, para restaurar o equilíbrio físico e energético do corpo. As tonalidades são classificadas em quentes (luminosas, com vibrações que causam sensações mais físicas e estimulantes, como vermelho, laranja e amarelo) e frias (mais escuras, com vibrações sutis e calmantes, a exemplo do verde, azul, anil e violeta).

Na prática, cada cor tem uma função terapêutica e atua em um ponto de energia (*chakra*) ou órgão específico do corpo. Por isso, a aplicação da cor adequada — por meio de lâmpadas, objetos, roupas, velas, banhos, entre outros — pode ajudar o organismo a se harmonizar. Segundo a naturóloga Giane Honorato, a cromoterapia serve tanto para favorecer o bem-estar do paciente quanto para tratar problemas de saúde, tais como dores musculares, hipertensão e até casos de estresse agudo que evoluem para perturbações psíquicas e insônia.

Travel is to make a j...
car, motorcycle, or bo...
to meet new people, ne...
ing for you to explore. T...
Some people loves to be ...
to be in the city. You will g...
while learning to be adaptiv...
cation skills, boost your self-...

It can be very enjoying looking ...
ries are precious. This world ha...
learn lots from their culture and ...
lifestyle from different backgroun...
world. Go see the world with your ...

Places could be urban or suburban. So...
refresh their souls, but some like to be ...
ing new culture, meet new people while ...
things, improve your communication sk...
social skills.It could be an exploration to s...
people, new things and new places. There a...
explore. There are lots of places to explore.

There are different types of adventures waiting...
explore. Places could be urban or suburban. So...
minds and refresh their souls, but some like to be...

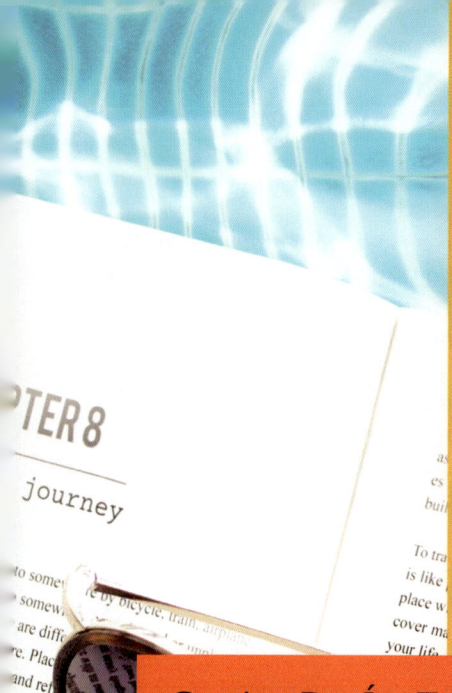

CAPÍTULO 6

EM CASO DE DÚVIDAS, *consulte aqui*

Especialistas respondem às perguntas mais frequentes sobre os princípios, aplicações e benefícios da naturopatia para a saúde

CAPÍTULO 6
EM CASO DE DÚVIDAS, CONSULTE AQUI

coordenador do curso de pós-graduação em Naturopatia da Universidade Paulista (Unip), as ferramentas da naturopatia auxiliam no processo de autoconhecimento e maturidade emocional, ajudando no desenvolvimento de habilidades e na modulação de falhas. "Não podemos lembrar da naturopatia somente em situações emergenciais, mas especialmente ao longo do nosso desabrochar enquanto seres humanos."

O que o paciente deve observar na hora de procurar um profissional?

Segundo Costa, como a naturopatia ainda não é uma profissão regulamentada, indivíduos mal-intencionados podem utilizar-se disso para enganar as pessoas. Ele dá a dica: "Desconfie sempre de profissionais que vendem curas miraculosas; daqueles que, de alguma maneira, sugerem que você deixe o tratamento indicado por outro profissional de saúde, fazem venda explícita de medicamentos naturais ou cobram valores fora do mercado".

Quais as diferenças entre naturopatia e naturologia?

A naturologia é o estudo de práticas e métodos naturais. Quando compreende a naturopatia, passa a ser chamada de "naturologia aplicada". Já a naturopatia consiste na utilização de recursos naturais em diferentes modalidades terapêuticas, efetuando uma abordagem holística. "Ambas seguem os mesmos princípios e utilizam as mesmas técnicas. A diferença é que, no Brasil, a naturologia é uma formação de nível superior, enquanto a naturopatia é um curso de nível técnico. Apesar da distinção de carga horária, entretanto, há semelhanças nas grades de estudo dos cursos", explica Jacqueline Guerra Calçado, diretora social e de comunicação da Associação Brasileira de Naturologia (Abrana).

Para que serve a naturopatia?

A naturopatia serve tanto para o tratamento de enfermidades já instaladas quanto para promover o equilíbrio nos mais diversos aspectos do ser, sejam físicos, mentais, emocionais, psíquicos, espirituais, energéticos, de relacionamento ou ambientais. De acordo com o naturopata Daniel Alan Costa, especialista em Bases de Medicina Integrativa do Hospital Albert Einstein e

Qual o campo de atuação do naturólogo?

De acordo com a Sociedade Brasileira de Naturologia (SBNat), o naturólogo atua no âmbito privado e público, com atendimentos individuais na saúde do adulto, da criança, do idoso e da gestante associados, ou não, a equipes multidisciplinares. Trabalha, também, em consultoria na área da saúde, em projetos de promoção e educação em saúde, em pesquisas científicas e com gestão de equipes/serviços de saúde relacionados a essa prática. Os locais de atuação são diversos: spas, estâncias hidrominerais, ONGs, clínicas de estética, clínicas multiprofissionais no âmbito privado e Unidades Básicas de Saúde (UBSs), policlínicas e hospitais no cuidado paliativo e no pré e pós-operatório da área pública. Na Saúde coletiva, este profissional ainda trabalha com atividades de educação em saúde e vivências visando à promoção da saúde e à integração social.

Como o naturopata avalia o paciente para definir a terapia mais indicada?

Segundo a Associação Brasileira de Naturopatia (Abrana), o primeiro passo é fazer uma anamnese detalhada do paciente, que inclui informações referentes à queixa principal, sinais vitais, histórico de patologias, histórico familiar, repouso, hábitos alimentares, relações sociais e familiares, estilo de vida, comportamento, temperamento, humor, entre outras informações. Para complementar o diagnóstico, o naturopata também pode utilizar alguns recursos, como a inspeção da face, língua, íris, esclera e outras técnicas de avaliação utilizadas pela Medicina Tradicional Chinesa e pelo Ayurveda, além de exames médicos e opiniões de outros profissionais da área de saúde, a fim de abordar cada caso sob diferentes aspectos. A partir daí, o profissional elabora um plano com as terapias que são mais adequadas de acordo com o estado de saúde de cada pessoa e suas necessidades. Para identificar e tratar as causas, e não somente os sintomas ou a patologia em si, o naturopata considera o indivíduo como um todo, avaliando-o de forma holística.

CAPÍTULO 6
EM CASO DE DÚVIDAS, CONSULTE AQUI

Quais são os perigos dos alimentos não-orgânicos para a saúde?

Esses alimentos são cheios de pesticidas, antibióticos, metais pesados, hormônios sintéticos e outros venenos que vão sendo acumulados no nosso corpo ao longo da vida. Segundo a naturopata Vera Belchior, esse acúmulo pode levar ao desenvolvimento de algumas doenças. "Há, por exemplo, algumas evidências que associam o uso de glifosato a um aumento da probabilidade de se desenvolver determinados tipos de câncer. A própria Organização Mundial da Saúde (OMS) declarou que o glifosato é um 'carcinógeno provável para o ser humano'. Por isso, sempre que possível, devemos escolher alimentos orgânicos, de preferência certificados, garantindo uma menor absorção desses químicos." O aspeto menos positivo dos alimentos orgânicos é o preço. Para que o custo não pese demais no orçamento familiar, Vera sugere dividir as compras: "No caso das frutas e dos legumes, dê preferência ao orgânico se você costuma consumir aquele item com casca."

Quais terapias são mais usuais?

O plano terapêutico do naturopata pode incluir várias terapias de forma integrada, tais como acupuntura, massoterapia, fitoterapia, florais, aromaterapia, cromoterapia, trofoterapia, geoterapia, meditação, ioga, Tai Chi Chuan, hidroterapia, entre outras.

Como deve ser a alimentação segundo a naturopatia?

"Os princípios baseiam-se nas necessidades de cada pessoa em cada momento da vida, sendo que o principal objetivo da alimentação é facilitar o bem-estar físico e psicológico", diz a naturopata Vera Belchior. Para isso, é importante que não haja regras complicadas, nem grandes elaborações. "O segredo é manter a simplicidade dos alimentos, com a incorporação de nutrientes vivos e enzimas na rotina diária, que irão proporcionar maior vitalidade, disposição, sono otimizado, agilidade mental e intestinos mais ativos. Isso resulta em mais vontade de viver e de enfrentar os desafios do dia a dia."

Vale a pena priorizar itens crus? Por quê?

Para a naturopata Vera Belchior, a nossa alimentação deve conter ambas as versões. A vantagem dos alimentos crus deve-se ao seu teor enzimático, que é essencial para a nossa saúde. Por sua vez, os alimentos cozidos, embora não possuam muitas enzimas, tornam-se mais digeríveis, sem contar que alguns deles têm o seu teor nutricional aumentado pelo cozimento, como é o caso do licopeno presente no tomate, que é melhor absorvido se for cozido. Por isso, Vera aconselha comer os dois: uma boa salada de verdes crus em uma metade do prato e alimentos cozidos na outra.

É preciso tornar-se vegetariano? Por quê?

"A alimentação vegetariana está na ordem do dia tanto pelos benefícios que traz à saúde quanto por questões éticas e de sustentabilidade ambiental. Como vegetariana há 20 anos, gostaria, pelo bem do nosso planeta, que a dieta vegetariana fosse globalmente adotada, mas não considero que seja necessário uma pessoa tornar-se vegetariana para ser saudável. O importante é reduzir o consumo de animais e derivados ao máximo, lembrando um pouco como os nossos antepassados faziam: eles comiam carne três a quatro vezes por mês e no restante dos dias alimentavam-se de vegetais", diz Vera.

O cardápio varia conforme a pessoa ou segue sempre o mesmo princípio?

Varia sempre, nem que seja porque cada pessoa tem os seus gostos pessoais. Logo, devemos ir ao encontro daquilo que, além de lhe fazer bem, seja prazeroso. Por outro lado, temos o sistema digestivo individual, ou seja, cada pessoa pode reagir de forma diferente a um determinado alimento. Por isso, é essencial adaptar a dieta a cada um.

Quais são os alimentos que mais ajudam a desintoxicar e quais devem ser evitados?

Todos os alimentos que promovem uma boa flora intestinal devem ser privilegiados, tais como vegetais de folha verde-escura, nozes, leguminosas e muita fruta. Já a lista dos que devem ser evitados inclui gorduras trans, frituras, embutidos e processados em geral. Estes alimentos nos prejudicam e não acrescentam qualquer valor nutricional à nossa saúde.

ÍNDICE REMISSIVO

A
Açafrão-da-terra 55
Acne 28, 30
Açúcar 10, 11, 72, 73
Acupressão 50
Acupuntura 11, 13, 17, 18, 25, 36, 37, 39, 42, 43
Adoçantes 72, 73
Agrotóxico 10, 18, 43, 64, 76
Aids 23
Alcaçuz 57
Alecrim 30, 57
Alergias 10, 12, 47, 57, 74
Alho 53, 56
Alimentação 10, 18, 41, 43, 64 a 81
Alimentos industrializados 10, 18, 42, 64, 76 a 81
Alzheimer 31
Angina 43
Ansiedade 17, 26, 27, 29 a 31, 36, 40, 49, 84 a 86
Argila 28, 51
Aromaterapia 11, 23, 29, 30, 39
Arteterapia 31, 39
Articulações 37, 49
Artrite 23, 24, 28, 30, 37
Asma 23, 30, 57
Atividade física 11, 12, 72
Auriculoterapia 50
AVC 12, 42, 72
Ayurveda 22, 23, 29, 33, 47, 49
Azia 54

B
Babosa 62 e 63
Bardana 57
Bergamota 33
Biofeedback 23
Bronquite 24, 30

C
Calêndula 37
Camomila 30, 47, 50, 52
Câncer 28, 36, 37, 39, 41, 43, 51, 64
Canela 46, 73
Capim-limão 46, 56
Cataplasma 28, 50
Catarata 29
Cebolinha 55
Celulite 30
Cérebro 26, 31, 37 a 39, 51
Chás 46, 47, 50, 52 a 57
Circulação 13, 29
Colesterol 55
Cólica 50, 56
Colônia 55
Concentração 13, 38
Constelação familiar 87
Coração 13, 26, 39, 43
Cosméticos naturais 60 a 63
Crenoterapia 24
Crianças 38, 40, 89
Cristais 23, 29
Cromoterapia 23, 89
Cupping 25

D
Dança Circular 85
Deficit de atenção 38
Dependência química 26, 31
Depressão 12, 26, 27, 29, 40, 84
Dermatite 30, 57
Desintoxicação 16, 18, 28, 29, 33, 69, 72 a 75
Diabetes 11, 12, 27, 30, 39, 53, 55, 57, 72, 73, 76, 77
Diagnóstico 20, 22
Diarreia 28, 56
Digestão 13, 28, 49
DNA 41
Doenças cardiovasculares 11, 12, 39, 43, 74, 76
Doenças de pele 24, 30, 57
Dor de cabeça 26, 37, 50
Dor de garganta 30, 46
Dor nas costas 25, 37
Dores articulares 49, 51
Dores crônicas 24, 31, 37

E
Eletroacupuntura 42
Enxaqueca 37, 50
Envelhecimento 36, 49
Epilepsia 30, 31
Erva-cidreira-brasileira 54
Espinheira-santa 54
Estômago 10, 28, 37, 48, 54
Estresse 11, 12, 18, 26, 27, 29, 31, 38, 49, 84 a 86

F
Fadiga 11, 12, 30
Febre 46, 51, 55
Fígado 10, 18, 37, 57, 72
Fitoterapia 18, 23, 25, 52 a 57
Florais 11, 17, 23, 39, 85
Formigas 53
Fraturas 24
Fundamentos 18 a 21

G
Gases 57
Gastrite 28, 48, 54, 56
Genética 41
Gengibre 46, 47, 54
Geoterapia 28, 51
Gerânio 30
Gripe 39, 51, 56
Guaco 57

H
Hidroterapia 16, 18, 23, 24
Hiperatividade 38
Hipertensão 12, 13, 27, 30, 42, 43, 53 a 57, 72, 74, 76
Hipnoterapia 84
História 16, 17
Homeopatia 18, 37 a 40, 86
Hortelã 46

I
Imunidade 11, 13, 36, 39
Infarto 13, 42, 43, 72, 75
Infecções 30, 46, 50
Insônia 11, 26, 29, 38, 49, 50, 89
Intestino 10, 11, 18, 28, 29, 41, 56, 64
Ioga 13, 17, 18, 27, 33, 36, 39, 41, 43, 47 a 50
Iridologia 32
Íris 22, 32

L
Lavanda 30
Lesões 24, 36
Lian Gong 39
Lombalgia 25

M
Massagem 18, 25, 33, 36, 38, 49, 50
Massoterapia 23, 25, 29, 38
Medicina Antroposófica 88
Medicina Integrativa 13,
Medicina Tradicional Chinesa 22, 23, 25, 29, 43
Meditação 11, 13, 17, 18, 26, 27, 33, 37 a 39, 41, 42, 49
Mel 46, 47, 73
Memória 11, 26, 38, 49
Mindfulness 26, 37, 39, 41
Moxabustão 25
Músculos 13, 29, 37, 50
Musicoterapia 31, 40

N
Náuseas 36, 54
Nutrição 10, 18,

O
Obesidade 10, 39, 72 a 77
Oligoterapia 23
Ossos 37

P
Pânico 26, 31, 40
Parkinson 24
Pata-de-vaca 55
Pedras quentes 29
Pele 24, 29, 30, 37, 49, 51, 57, 74
Plantas medicinais 33, 52 a 57
Pneumonia 51
Poejo 56
Poluição 18,
Pragas 53
Práticas Integrativas e Complementares (PICs) 13, 17, 18
Pressão arterial 13, 26, 27, 42, 43, 54, 57, 72, 74
Prisão de ventre 49, 56
Problemas gastrointestinais 11, 28, 57
Problemas respiratórios 24, 27, 74

Q
Queimaduras 30, 37
Quimioterapia 36
Quinoa 39
Quiropraxia 17, 88

R
Radiestesia 23
Radioterapia 37
Receitas 60 a 63, 66 a 71, 76 a 81
Recursos expressivos 23, 31
Reflexologia 23, 29, 36
Refluxo 54
Reiki 13, 36, 86
Respiração 11, 13, 27, 49
Reumatismo 24, 51
Rinite 47, 57
Rins 18, 29, 30, 37, 53, 57, 72 a 75
Romã 46

S
Sal 10, 72, 74, 75
Sangue 11, 13, 25, 29
Sene 56
Shantala 89
Sinusite 30, 51
Sistema imunológico 11, 13, 26, 30, 39, 40, 50
Sistema nervoso 13, 26, 30, 32, 51
Slow beauty 60 a 63
Sono 11, 13, 36 a 38, 50
SUS 17, 23, 82 a 89

T
Tai Chi Chuan 25, 36, 50
Tendinite 37
Terapia Comunitária 87
Termalismo social 24
Tireoidite autoimune 40
Tosse 51, 56
Toxinas 13, 18, 28, 29, 49
Tui Na 25, 29, 38

COLABORADORES

A

ADERSON MOREIRA DA ROCHA
Médico reumatologista especializado em Ayurveda e acupuntura
(21) 2537-3251
ayurveda.com.br

ALEXANDRE MASSAO YOSHIZUMI
Médico e diretor do Colégio Médico Brasileiro de Acupuntura
cmba.org.br

ANDRÉ SIQUEIRA MATHEUS
Gastroenterologista
(11)3052-0732
asmatheus.site.med.br

AMIT GOSWAMI
Físico e defensor do misticismo quântico
amitgoswami.com.br

ANGELA SOCI
Professora de Tai Chi Chuan
sbtcc.org.b

ASSOCIAÇÃO BRASILEIRA DE NATUROLOGIA (ABRANA)
(17) 3523-9732
abrana.org.br
abrana.naturologia@gmail.com

ASSOCIAÇÃO PAULISTA DE NATUROLOGIA (APANAT)
(11) 94597-4339
apanat.org.br
apanat@apanat.org.br

C

CAMILA BORDUQUI
Nutricionista funcional e esportiva
camilaborduqui.com.br

CAMILA PINHEIRO
Nutricionista
nutricamilapinheiro.com

CAROLINA PRESOTTO
Dermatologista da clínica Medicina da Consciência
medicinadaconsciencia.com

CHIANG JENG TYNG
Radiologista especializado em acupuntura
chiangtyng.com.br

CHRISTIAN BARBOSA
Gestor de tempo
christianbarbosa.com.br

COLÉGIO MÉDICO BRASILEIRO DE ACUPUNTURA (CMBA)
cmba.org.br

D

DANIEL ALAN COSTA
Naturopata, acupunturista, especialista em Bases de Medicina Integrativa do Hospital Albert Einstein e coordenador do curso de pós-graduação em Naturopatia da Universidade Paulista (UNIP)
posunip.com.br/curso-detalhe/naturopatia/10670

DANIEL MAGNONI
Cardiologista
idpc.org.br

DANIEL RODRIGUES
Coordenador do curso de Naturologia da Unisul
naturologia.org.br

DEEPAK CHOPRA
Médico e professor de Ayurveda, espiritualidade e medicina corpo-mente
deepakchopra.com
chopra.com

DEPARTAMENTO DE PRÁTICAS INTEGRATIVAS E COMPLEMENTARES NO MINISTÉRIO DA SAÚDE
(61) 3315-9034
pics@saude.gov.br

DOMINIQUE HORTA BUIM
Nutricionista funcional e *health coach*
dominiquenutricionista.com.br

DULCINÉIA FURTADO TEIXEIRA
Tecnologista de Saúde Pública do Departamento de Produtos Naturais da Farmanguinhos/Fiocruz
far.fiocruz.br

E

ELAINE LILLI FONG
Terapeuta psicocorporal
(11) 3741-0199
elainelilli.com.br

EMANUEL STRAHLER RIVERO
Psicólogo e Hipnoterapeuta
(11) 2274-8217

F

FERNANDA MACHADO SOARES
Nutricionista
(21) 3042-5718
fernandamachadosoares.com.br

FERNANDO AMARAL
Osmólogo e diretor científico da World's Natural Fragrancies
cosmeticosbr.com.br

FRANCINE HOKI
Especialista em cristaloterapia
(11) 99903-9275
franhokiterapias@gmail.com

G

GERALDO CARDOSO
Terapeuta da Clínica Oásis
euvou.oasisparanaense.com.br

GIANE HONORATO
(62) 9294-8656
gianehonorato@hotmail.com

I

INSTITUTO UNIÃO
institutouniao.com.br

ISABEL HORTA
Médica homeopata
clinicaveredas.com

ISADORA CAPORALLI
CEO da Sublime Rituais
(11) 3032-0634

J

JACOB JEHUDA FAINTUCH
Cardiologista
(11) 3287-7174

JACQUELINE GUERRA CALÇADO
Diretora social e de comunicação da Associação Brasileira de Naturologia
abrana.org.br
abrana.naturologia@gmail.com

JOSÉ ARMANDO JR.
Farmacêutico, biólogo e professor na Faculdade de Medicina do ABC
fmabc.br

JOSÉ CARLOS PAREJA
Gastroenterologista e professor da Unicamp
(19) 3212-3330
obesidadesevera.com.br

L

LORENA GUIMARÃES LIMA
Endocrinologista da Amato Instituto de Medicina Avançada
amato.com.br

M

MARCELA RODRIGUES
Fundadora do site A Naturalíssima
anaturalissima.com.br

MARCO JANAUDIS
Secretário-geral da Sociedade Brasileira de Medicina de Família, Educação Médica e Humanismo (Sobramfa)
sobramfa.com.br

MARIANA DURO
Nutricionista funcional
(11) 3832-1062
marianaduro.com.br

MICHAEL BREUS
Psicólogo
thesleepdoctor.com

N

NATIONAL SLEEP FOUNDATION
sleepfoundation.org

NAYARA DANTAS MASSUNAGA
Nutricionista do departamento científico da VP Consultoria Nutricional (SP)
vponline.com.br

NILMA GLÓRIA BRAGA SIQUEIRA
Terapeuta holística
nilmagloria.terapeutaholistica.com.br

NÚCLEO DE CUIDADOS INTEGRATIVOS DO HOSPITAL SÍRIO-LIBANÊS
(11) 3394-5007
hospitalsiriolibanes.org.br

O

ORGANIZAÇÃO MUNDIAL DA SAÚDE (OMS)
who.int

P

PAULO RENATO FONSECA
Diretor científico da Sociedade Brasileira para Estudo da Dor (SBED)
medicinadador.com.br

PLÍNIO CUTAIT
Coordenador do Núcleo de Cuidados Integrativos do Hospital Sírio-Libanês
pliniocutait.com.br

S

SANDRA REIS DUARTE
Pneumologista
(82) 3311-6666

SOCIEDADE BRASILEIRA DE ALIMENTAÇÃO E NUTRIÇÃO
(11) 3297-0799
sban.org.br

SOCIEDADE BRASILEIRA DE MEDICINA DE FAMÍLIA, EDUCAÇÃO MÉDICA E HUMANISMO (SOBRAMFA)
sobramfa.com.br

SOCIEDADE BRASILEIRA DE NATUROLOGIA (SBNAT)
naturologia.org.br/contato

SONIA CORAZZA
Cosmetóloga e aromaterapeuta
soniacorazza.blogspot.com

SYLVANA BRAGA
Nutróloga e fisiatra
sylvanabraga.com.br

T

THAIS SAMPAIO
Naturopata
espacothaissampaio.blogspot.com

U

UNICAMP
unicamp.br

UNIP
unip.br

UNISUL
unisul.br

UNIVERSIDADE ANHEMBI MORUMBI
portal.anhembi.br

UNIVERSIDADE DA CALIFÓRNIA
universityofcalifornia.edu

USP
www5.usp.br

V

VERA BELCHIOR
Naturopata com pós-graduação em acupuntura e moxabustão
verabelchior.com

5 CURIOSIDADES
SOBRE NATUROPATIA

As pessoas também procuram a naturologia para fins estéticos. Para isso, o naturopata utilizará técnicas específicas e naturais no combate à flacidez, celulite, varizes e na regeneração das células, com atuação também na modelagem do corpo. Seus tratamentos incluem aplicações de extratos vegetais, óleos, ventosas, massagens, além de orientação nutricional natural e exercícios aeróbicos e localizados.

2

A Europa possui cursos de Naturologia em países como Inglaterra, Portugal, Espanha, Itália e Alemanha, sendo que cada nação cria regras próprias sobre o tema e mantém sua diversidade de graduações. Em Portugal, por exemplo, a naturopatia é regulamentada como profissão de saúde desde 2013 e a procura por especialistas na área cresce a cada dia.

3

O fundador dos cereais Kelloggs, John Harvey Kellogg (1852-1943), sempre foi um entusiasta da naturopatia. O magnata americano considerava a medicina convencional uma tentativa equivocada de melhorar a natureza por meios artificiais.

Alguns naturopatas baseiam-se em cinco pilares: alimentação, ar, sol, terra e água. A ideia é ter refeições saudáveis; agregar oxigênio à circulação por meio de exercícios respiratórios; tomar sol pela manhã; ter o hábito de caminhar descalço na terra; tomar banhos terapêuticos e ingerir 2 litros de água por dia.

5

Embora veja as terapias alternativas de maneira crítica, o Conselho Federal de Medicina considera que a naturopatia pode ser benéfica se focar a prevenção e manutenção da qualidade de vida.